武器としての組織心理学

人を動かす
ビジネスパーソン
必須の心理学

産業・組織心理学者
山浦一保

ダイヤモンド社

はじめに　リーダーのための最強の教養「組織心理学」

本書では、世界中の最先端の研究と、組織心理学者として取り組んできた私自身の研究を基に、ビジネスパーソンにとって重要な「良好な人間関係を構築する方法」を、科学的な視点からひもといていきます。

この「良好な人間関係を構築する方法」では、自分と相手との1対1の関係に限らず、複数のメンバー同士の関係も扱います。

これらは、特にリーダーやマネジメントのポジションにいる人にとって非常に大きな問題です。

なぜなら、良好な人間関係の構築こそが、組織の成果を左右する重要なファクターだからです。

働く私たちの悩みの9割以上は、人間関係に関するものだと言われるほど、日常は人間関係の問題で溢れています。

組織心理学とは、組織のトラブルの原因を突き止め、うまくいっている集団に共通する「リーダーシップ」や「人間関係」を明らかにする学問です。

人間関係の構築が難しくなっている時代だ

近年の組織の2大問題である「ハラスメント」と「メンタルヘルス」は、働く私たちにとって大きな悩みとなっています。

加えて、リモートワークの普及によって個人の働きやすさが高まる一方で、人間同士の物理的な距離は広がっています。

以前よりもコミュニケーションが厄介になったと感じている人も多いでしょう。

特に、リーダーやマネジャーの立場にある人にとって、積極的に人間関係を築くことが難しい時代になってきています。

実際に、組織心理学の研究者として企業やスポーツチームの調査に行くと、マネジャーやスポーツチームの監督などから相談を受けることがたくさんあります。

私がリーダーシップについて議論をするときに、絶対的な信頼を置いているのは、科学的・客観的な根拠です。

例えば、リーダーシップについては、成功者の経験則で語られることが数多くあります。

私はそういった方々の経験則から学ぶことも多く、全く否定するつもりはありません。

そのような経験則が活かされるためにも、人間の心のゆらぎ、人と人のかかわりの中で生まれる「何か」について、心理学ベースで理解し、共有したいと思うのです。

本書では、科学的・客観的な視点から、効果的なリーダーシップとは何かを考えていきたいと思います。科学的な視点が、私たちにリーダーシップや人間関係構築についての新しい引き出しを提供してくれることでしょう。

能力が高い人だけを集めれば、チームを強くできる？

なぜ、リーダーにとって良好な人間関係の構築がそこまで重要なのでしょうか。

突然ですが、ここで質問です。

リーダーとなって結果を出せるチームをつくろうとしたときに、次のどちらのチームづくりを選択しますか。

A　個人の能力が極めて高い人だけを集めてチームをつくる

B　個人の能力が極めて高い人と、その下のレベルの能力の人を集めてチームをつくる

「トップタレントの割合」と
「チームパフォーマンス」の関係

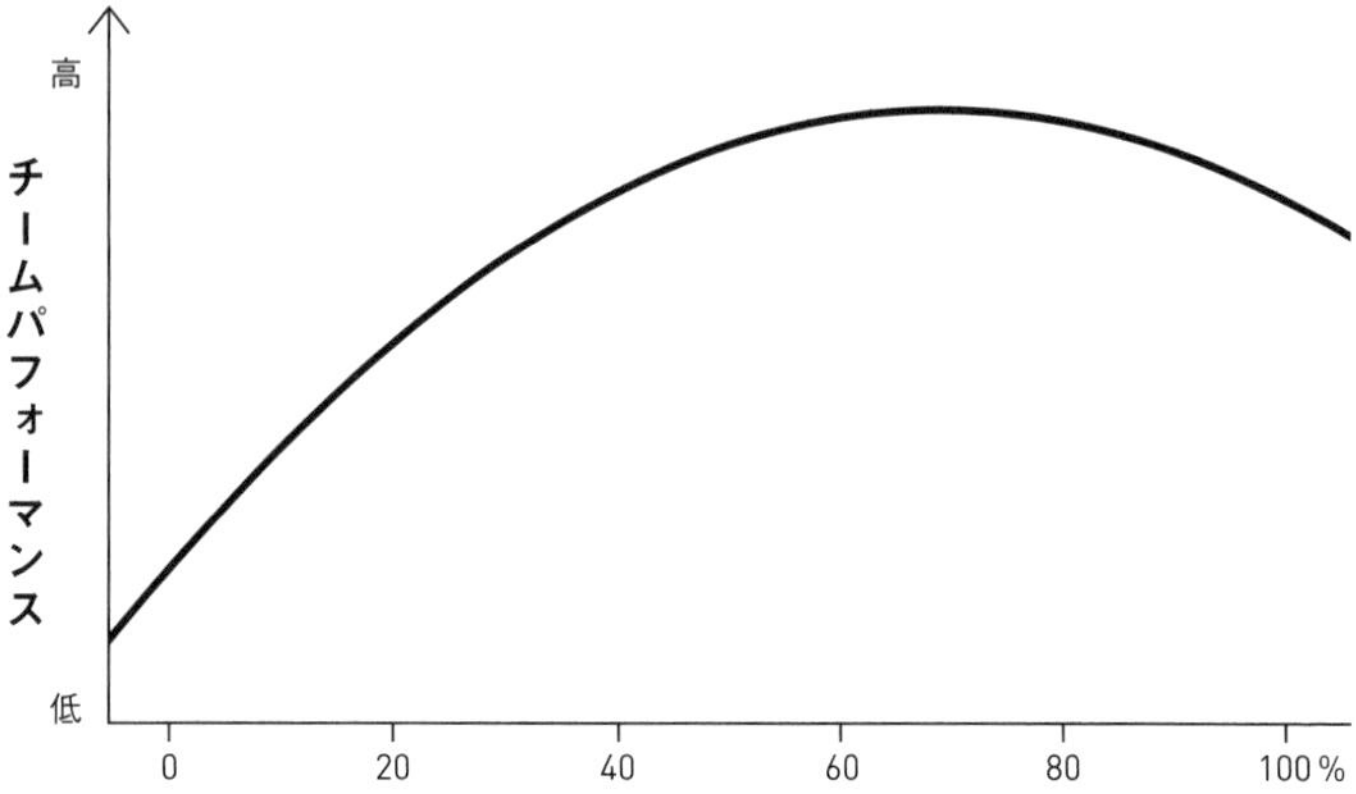

トップタレント選手がチームに占める割合

Swaab et al(2014)を基に一部省略のうえ作成

一般的に私たちは、Aのようにメンバーを構成することでチームのパフォーマンスを高められるだろう、という信念を持っています。

しかし、サッカーのナショナルチームを調査した組織心理学の非常に示唆的な研究があります。[1]

縦軸が「ナショナルチームのパフォーマンス」、横軸が「トップタレント（世界有数のエリートチームに所属する選手）がナショナルチームに占める割合」です。

ある割合までは、トップタレントが増えるほど、チームのパフォーマンスが高くなっていきますが、それを過ぎて、トップタレントの選手が多くなりすぎると、チームのパフォーマンスが下がっていくことがわかりました。

さらにこの研究では、アメリカのプロバス

ケットボールチームについても分析を試み、「トップタレントが増えすぎるとチームパフォーマンスが下がる」という同様の傾向が明らかになりました。

能力が高いメンバーを集めさえすれば、強いチームができあがると私たちは信じがちですが、必ずしもそういうわけではないのです。

お山の大将ばかり集めても、連携できる関係性がなければ、チームの力は上がらないということでしょう。

「メンバー同士がどのような関係性にあるか」が、個々の能力と同じくらい大事だということです。

世界ではじめて自動車の大量生産を実現したフォード・モーターの創始者ヘンリー・フォードは、組織心理学の考え方にとって示唆に富む言葉を残しました。

「人が集まってくることが始まりであり、
人が一緒にいることで進歩があり、
人が一緒に活動することが成功をもたらす」

1人で達成できる仕事の量や成果はたかが知れており、リーダーとして成果をあげるためには、より良い人間関係の構築が絶対なのです。

ほめ言葉は金銭報酬に匹敵する!?

もう一つ、今度は組織心理学とも関係が深い脳科学の話題です。

人がほめられたとき、脳の中で何が起こっているのかについて、調査した研究があります。[2]

金銭報酬を得たときと、社会的報酬（ほめ言葉）を得たときの脳の反応をｆＭＲＩ（脳の活動を視覚化する装置）で比較しました。

その結果、金銭報酬がもらえたときに活性化する脳の部位である「線条体」が、社会的報酬を与えられたときにも反応していることがわかりました。

つまり、ほめ言葉には、金銭報酬と同じような心理的な効果が期待できるというわけです。

職場でほめ言葉を使っていますか。

もしマネジャーの立場にいる人が、ほめ言葉を使っていないのであれば、それは金銭報酬を与えていないのと同じ、実質的には損をしていると言えるかもしれません。

ただし、何でもかんでもほめればいいかというと、そうではありません。

ほめ言葉が次の仕事への意欲につながる場合と、そうでない場合を明らかにした別の研究がありますが、この先の話は本編に譲ることにしましょう（第3章で紹介します）。

組織心理学は、自分の身を守り、人を動かす武器になる

心理学や脳科学、集団力学などの見地から、私たちの心理や行動の傾向を学び、対策を練ることは、特に組織で人を動かすマネジャーの立場にある人にとって「強力な武器」になるでしょう。

また、他人の心理を知っておくことで、余計な人間関係のトラブルに巻き込まれることを予防できるはずです。

人間関係においては、ネガティブな関係を極力減らすと同時に、ポジティブな関係を構築することが重要です。

本書では、組織に蔓延するネガティブな関係をどのようにポジティブで有益なものに変えていくか、「妬み」「温度差」「不満」「権力」「信用（不信感）」の5つのテーマでお話しします。

なぜこの5つのテーマを挙げたかというと、実はこれらのネガティブな要素が、見えな

い空気となって、組織を支配しているからです。

組織で働くビジネスパーソン、特にリーダーのポジションにいる人であれば、これらの5つのキーワードに引っかかるものがあるのではないでしょうか。

もちろん、現在人間関係がうまくいっていなくても大丈夫です。必ず変えていくことができます。

組織の種類や大小、フィールドは問いません。

厄介だけれど、前に進むためには放置するわけにいかない。そんな組織の人間関係に立ち向かう人や、個人では成し遂げられないことを集団の力で実現したいすべての人にとって、本書が一助になれば嬉しいです。

組織心理学とは――

心理学の一分野に、「産業・組織心理学」があります。「産業心理学」と「組織心理学」が統合されて発展してきました。[3]

「科学的管理法」の発案者であるテイラーをはじめとする産業心理学の研究者たちは、19世紀後半から20世紀前半にかけて、高い生産性を効率的に、かつ安全に得るための管理のあり方（仕事の仕方、教育・訓練、人事管理、作業環境の整備など）について、研究や実践を行ってきました。

しかしその後、作業能率は、物理的・経済的要因だけでなく、従業員の感情や態度、非公式集団など、社会的・心理的要因によっても規定されることが明らかになっていきました。

組織心理学は、こうした潮流を踏まえて生まれた学問です。1960年代にリーヴィットとバスによってはじめて組織心理学という言葉が使われたとされているため、歴史はまだ長くありません。

それまでの主流の考え方――人間が合理的に行動することを前提に組織を管理する――だけではなく、人間に備わる非合理的で情動的な部分にも大きな関心が向けられるようになったのです。

アメリカでは1970年に、日本では1985年に産業・組織心理学会がスタートしました。

現在の産業・組織心理学は、社会の目まぐるしい変動の中、幅広い要請に応えながら、応用展開力をもつ学問分野として発展してきました。

本書では、産業・組織心理学の研究対象の中で、組織で生じる人間模様と人々の心のゆらぎについて、いわゆる「組織心理学」に軸足をおいて話をします。

武器としての組織心理学　目次

第2章 「チームの温度差」を埋めよ

第3章 「隠れた不満」を見つけ、有益化せよ

第4章 権力と賢く付き合え

第5章 「失った信用」を取り戻せ

第1章

妬みを中和し、モチベーションを引き出せ

見えにくい感情ほど厄介なものはありません。

妬みは他の感情とは違って、誰もが「社会的に受け入れられにくい不快な感情である」と認識しているため、普段は心の奥底に潜ませ、密やかに隠し持っているものです。

キリスト教の「七つの大罪」の一つに挙げられるほど、人間の感情の根源であり、他人の足を引っ張るなどの非合理的な行動を促す元凶として考えられてきました。

例えば、敵意を抱きやすくなったり、妬んだ相手を貶めたりします。

間違った情報や質の低い情報を伝えたりするのも妬みが原因ですし、最近ではネットいじめの根底に、この感情があるということもわかってきています。

さらには、自分をなんとか相手よりもよく見せようとして、不正行為を働く原因にさえもなるのです。

当然、他人だけでなく自分自身を苦しめることにもなります。例えば、抑うつや不安感が高まりやすくなるのです。

しかも、一度これらの感情に飲み込まれてしまうと、その沼からは抜け出すことは困難です。

・職場の関係性がしっくりきていない
・チームとしても個人としても、本来の実力を発揮できていない
・メンタルの不調を訴える人が出る（もしくは自分自身がそうだ）

このような問題の根本には水面下で活性化する心、すなわち妬みの感情が関与している可能性があります。

だからこそ、組織で働く人にとって、このような妬みの感情を理解し、適切にマネジメントすることが重要です。

さらに、妬みの感情には、ネガティブな側面だけでなく、モチベーションにつながるポジティブな側面があることがわかってきています。

厄介な妬みをより良い方向に向ける方法を考えていきましょう。

筋が通らない行動は「感情」のせい

妬みそのものの話題に入る前に、

- 人間は放っておけば、どうしようもなく非合理的な行動をとってしまう
- 非合理的な行動や習慣は、感情によってもたらされる

という話から始めたいと思います。

毎日の行動をよく振り返ってみると、実に多くの非合理的なことが転がっています。「(やるべきことだと)わかっちゃいるけど、やらない、したくない」という具合です。

その背後には、快楽を求めて誘惑する感情や、心の痛みを軽減させようとする動機づけがあります。

いくつか例を挙げて見ていきましょう。

非合理的な行動1

将来の利益より、目の前の誘惑

定期健康診断で「立派なメタボです」と診断を受け、適度な運動と食事制限をするように指導されてしまった。さすがにやばいと思い、

「まずはお酒を控えよう。よし、今日から始めよう！」

と意気込んでみたりするものです。

しかし「仕事終わりに、一杯どうですか？」と声をかけられれば、これは仕方がないとばかりに自分をいとも簡単に納得させてしまう。そして「やっぱりこれだ！」と中ジョッキ片手にガッツリ飲み干してしまっている。

「大好きなスイーツ。1箱10個入りのチョコレートなら、量をコントロールしやすい！」

と思って買ったところまではなかなか合理的な判断です。

「家に帰ってまず1個」

「もう1個くらいなら……」

と気がつけば、結局、ふだんと何ら変わらない量のチョコレートを平らげて1日目にし

てダイエット失敗。


担当の仕事の締め切りまでまだ1カ月の猶予あり。

「もう少し後から始めても間に合うだろう」

と毎日思い続けて、帰宅後はYouTubeの誘惑に乗ってしまう。

その結果、締め切り間際になって慌てふためき、徹夜3日目……。


どうやら人間は、案外ムダをするのが好きなようです。計画どおり進めれば一番良いとわかっているのに、自ら好んで寄り道をしているのですから。

自分の理想とする姿に向かうまでの道のりは、誘惑と葛藤の連続です。

このような先延ばしの思考や現象は、行動経済学では「双曲割引」と呼ばれます。

- 将来の健康よりも、目の前のビール、スイーツ
- 将来の余裕より、今のゆとりある時間

がより一層魅力的に見えるというわけです。

目の前の選択肢の方が「いいな」「好きだな」「楽しそうだな」というように、快楽に向かわせようとする感情がいきいきと動き出しているのです。

これにはわけがあり、私たちは、窮屈でストレスフルに感じられるネガティブな状態を経験しても、ポジティブな感情が共存してくれているおかげで、心と身体の健康を保つことができています。

例えば、ネガティブな感情を伴って、血圧などの自律神経系のバランスが崩れても、ポジティブな感情がフォローして元に戻してくれます。

このように、私たちの非合理的な行動には、心身の健康を保とうとする「感情」の存在があるのです。

非合理的な行動2

「今」にしがみつき、「変化」を拒む

また、こんな行動もあります。

中途採用が大半を占め、成果ベースの人事評価システムを採用する企業。若くして仕事をバリバリとこなし成績を上げる社員Xさん、現る！――こんなこともしばしば経験する

ことです。

ある日突然、

「Xさんがあなたの役職の次期候補者である」

と耳にしました。

とたんに、自分の今後の仕事やキャリアはどうなるのかと、明日以降の将来が脅かされて不安は一気に高まります。

「会社の今後を考えれば、自分よりもXさんがリーダーシップを発揮していくべき」

と頭では理解したとしても（あるいは、理解しようとすればなおさら）、Xさんに対する劣等感は膨らみ、そうたやすく現実を受け入れることはできません。

またあるときには、

「トップが交代し組織変革が始まる」

と、社内通達がありました。

すると、変化への抵抗を示す人が一定数現れます。

「これまでと同等の待遇でい続けられるだろうか」

その不安を払拭しようと社内を動き回り、情報を集めて確認をしたり、今のポジションを守る方法や仕事を変えなくて済む方法を探したり、日々落ち着かない状態に陥ってしまうことがあります。

このように私たちは、「置かれている環境」「所有しているもの」を手放すことに強い抵抗を示すことがあります。

所有しているものに愛着を感じるときや、新しく得るものへの期待よりも今の自分を失う恐怖の方が、あなたの気持ちを占領してしまうとき、「しがみつきの現象」が起こります。

ほかにも、転職しようと考えているのに、なかなか最初の一歩を踏み出せずにいるというのも、このしがみつきの現象の一つです。

一度保有すると、価値が高いものに見えてしまう

しがみつきの行動は、心理学で「保有効果」と呼ばれています。この効果に関する実験で有名なのが、「カーネマンのマグカップの実験」です。[4]

行動経済学者のダニエル・カーネマンは、大学生たちをランダムに2つのグループに割

り当てました。

2つのグループは、「売り手グループ」と「買い手グループ」です。

■「売り手グループ」の目の前には、1人につき1個、大学のロゴ入りマグカップが置かれ、「いくらならマグカップを売るか」と希望の取引価格を問われます。

■「買い手グループ」は、隣にいる人のマグカップを見て、「いくらなら（自腹を切って）マグカップを買うか」と聞かれます。

ちなみに、この大学のロゴ入りマグカップ、通常は6ドルで販売されているものです。

実験の結果、「買い手グループ」が答えた平均価格は2・87ドルだったのに対して、「売り手グループ」が答えた平均価格は7・12ドルでした。

つまり、売り手は、買い手の2倍以上の価値をつけたのです。

売り手と買い手の違いは、

■既に自分が所有しているものか否か

▪手放したくないという感情があるかどうか

だと考えられます。

これらのことから、私たちには、一度手にした喜び、それによって見出した価値あるものを失いたくない、あるいは後悔したくないと思ってしまう傾向があるのだと、カーネマンたちは言います。

目の前の状況は、千載一遇のチャンスかもしれないけれど、不安や面倒さが先に立つ。しかも、そのチャンスに飛びついたがゆえに、よくなるどころか自分や自分の立場を揺るがすような状況に直面するかもしれない。自分の心を乱す、脅威的な相手に出会いやすくなるかもしれない。そうなったら、今までの自分や面子はどうなるんだろうか……。

そのうちに、今はそうは悪くない、結構イケてるではないかと思えてくる。

つまり〝保有〟は、現状を維持して安心を得ようとすることが優先された非合理的な行動選択です。

私たちの非合理的な判断・行動の背後には、「自分が危険な状態や脅威にさらされたときに生じる感情」があるのです。

最も厄介な感情は「妬み」である

キリスト教では大罪、仏教では煩悩

非合理的な行動に駆り立てる感情の中でも、最も厄介なのが「妬み」です。

妬み（envy：ラテン語 invidia）は、カトリックでは七つの大罪の一つに挙げられます。

七つの大罪とは、嫉妬のほかに、傲慢、憤怒、暴食、色欲、怠惰、貪欲で、人を罪に導く可能性がある感情と考えられてきました。

また、仏教では、煩悩の一つである「嫉《しっ》」として扱われています。

説一切有部（釈迦の死後数百年の間に仏教教団が分裂してできた部派の一つ）によって、「五位七十五法」という、あらゆる事象を5つの区分と75の法（要素）で説明する分類がなされました。

5つの区分の一つが「心所法」という心の働きであり、そのうちの要素の一つに嫉が組み込まれています。同じ区分の中には、忿（怒り）、覆（自分の過ちの隠蔽）、諂（へつらい）などがあります。

このように、「妬み」は人間の最も原始的な心理で、遠い昔から、私たちの心に潜む相当な悪玉の親分だと考えられてきました。

他人と自分を比較するのをやめられない

「私は先延ばししてばかりで、計画どおりに物事が進んだためしがない。

一方で、同じ職場にはそれをやってのける同期入社のXさんがいる。

Xさんが、私がこれまで務めてきた役職に就くことになった。

私はまだやる気だったし、これまで一生懸命やってきた自負もあるのに、どうして今この人事なんだろう」


こんなふうに私たちは日々、誰かと比較しながら自分の能力や存在価値を値踏みしています。

自分よりも優れた能力や魅力を持った、同じ職場のXさんの存在に気づいたとたん、その存在を意識し始めます。

冷静に考えれば、Xさんと友好的に手を組んだ方が、より高いレベルの成果が得られる可能性があるわけですから、そうすることが合理的な行動選択です。

しかし、上方比較（自分よりも優れた人と自分との比較）をすることによって劣等感に苦しめられてしまいます。

その結果、実際にとる行動は、

「Xさんが困っていても手伝わず、肝心な情報を流さない」

などの意地悪で非倫理的な対応で、Xさんの足を引っ張ることだったりするのです。

このようなかかわり方では、人間関係がギクシャクしたり、職場全体のパフォーマンスが滞ったりすることはあっても、誰一人として得をすることはありません。

妬みが他人への攻撃を生む

この妬みの感情は、どのようなときに生まれるのか。そして誰に対して、どのようなカタチでぶつけられているのか。

このことに答えた研究があります。それは、アメリカの心理学者デステノの研究グループの論文で発表されました。[5]

■男女のペアでグループワークを実施

実験参加者は1人で部屋に入り、その後すぐ参加者のパートナーとなる異性が入ってきます。

実は、このパートナーは実験のために用意されたサクラです。

パートナーは、実験参加者との会話を楽しみ、仲良くなるようにふるまいます。

しばらくして2人には、

「この実験は、1人で課題に取り組むときとペアで取り組むときのパフォーマンスの違いを検討するものです。1人でやるかペアでやるかは、自由に決めてもらって構いません」

と伝えられます。

するとパートナーは、実験参加者に「一緒にやろう」と誘います。

2人が楽しく課題を行っていたところ、3人目が「遅れてごめんなさい」と言いながら現れます。

この人は、実験参加者と同性で、実はライバル役のサクラです。

もちろん、このことも実験参加者は知りません。

3人には再度、

「この実験の課題は、1人で行っても2人で行っても構わない」

と伝えられます。

ここから、実験参加者の運命が分かれるのです。

■パートナーの裏切り

一つの条件［統制群（操作が加えられていない比較対照のための群）］ではパートナーが
「大学医療センターに予約していたことを忘れていた！」

と言って、部屋を出ていきます。

こうして、残った2人は個別に課題を行うことになります。

これに対してもう一つの条件［妬み生起の実験群（操作が加えられた群）］では、なんとこのパートナーは後からやって来たライバルの異性に

「もしよかったら一緒にやろうよ」

と声をかけます。

声をかけられたライバルはそれを承諾し、実験参加者とは声の届く距離のところで作業を始めます。

どちらの条件でも、実験参加者は1人で課題に取り組むことになるのですが、その原因が違っています。

一つは、たまたまの出来事によるものでしたが、もう一つは、ライバル出現によるものだったわけです。

■味覚テストで妬みを測定する

この後にもうひと押しの手続きが施されます。

味覚のテストという名目で、

「パートナーとライバルがそれぞれ食べるものに、実験参加者がホットソース（激辛の刺激物）で味付けできる」

という機会が与えられるのです。

パートナーとライバルはホットソースが嫌いです。

そのことを知った上で、実験参加者は、いったいどれほどの量をかけるのか——その分量が測定されました。

■実験の結果

まず［妬み生起の実験群］に割り当てられた人たちは、自分を裏切ったパートナーだけでなく、そのパートナーに裏切るよう仕向けたライバルに対しても敵意の混じった妬みの感情を表しました。

また、薄情な裏切りを経験したとき、この実験に参加した人たちは自分をネガティブに捉えていました。

そして、そのことが妬みを増幅させ、相手や直接的な関係者に対する攻撃行動を促していたのです。

では、その敵意によって加えられたホットソースの量は、どれほどだったのでしょうか。

結果は、［統制群］の平均分量が1・44gだったのに対して、［妬み生起の実験群］の平均分量は3・41gでした。2・4倍近くのホットソースが加えられたのです。

ちなみにこの傾向は、女性（1・67ｇ）よりも男性（4・24ｇ）で顕著でした。

悪意ある妬みが、いかに私たちの心の奥底で活動し、意地悪で破壊的な行動を操っているのかを垣間見るような実験結果です。

集団の中の1人が妬みの感情を抱いた結果、妬む人も妬まれる人も、誰一人として得をしない非合理的な行動が生まれてしまったのです。

妬みを抱えた人ほど スマホを手放せない

妬みを抱える人の苦しみと健康上の危険性にも目を向けておきます。

ここで紹介するのは、中国の中学生を対象にした調査研究の結果です。

妬みの感情は、周囲に被害をもたらすだけでなく、本人の健康面においても深刻な事態を招く引き金になると警笛を鳴らしています。

妬み傾向の強い人が、クラスメイトどうしの関係性が良くないクラスに入ると、「もしかしたら、自分がいない間にクラスの誰かが何かご褒美をもらっているのではないか。あの人だけいい目にあっているのではないか」

と、疑心暗鬼になる傾向が強まります。

自分だけが好機を逃してしまうのではないかという恐れや不安が高まった結果、妬みを抱きやすい人は、スマホを手放すことができず、常にスマホをいじってしまう傾向が高いことが報告されました。

スマホによるソーシャルメディアの過剰使用は、諸問題を引き起こします。

例えば、対面での交流の劣化、躁うつ病などの感情障害、睡眠の問題、身体的な健康上の問題の発症などです。

この研究結果では、クラスメイト同士の関係性が良い集団であれば、妬みやすい人の問題行動が抑制されることも示されています。


妬みは人と関わらなければ、感じなくて済む心の痛みや乱れですが、私たちが社会で生きて、組織に所属し活動する以上、人間関係を避けることができません。

だからこそ妬みの感情は、組織で働く私たちにとって非常に厄介なものなのです。

こうして見てくると、2つの疑問が生じます。

一つは、このような不利益をもたらす感情を、どうして人間は捨てきれずに持ち続けているのかという疑問です。

もう一つは、妬みをうまくマネジメントし、前向きな人間関係を築くことはできないのかという疑問です。

この後、一つずつ順に見ていくことにしましょう。

妬みを中和し、有効化する

疑問1 なぜ妬みを捨て切れないのか？

妬みが、禍《わざわい》を引き起こす元凶だというのならば、どうして、私たちはこの感情を持ち続けているのでしょうか。本当に不必要なものであれば、人間が進化する過程で、淘汰されていてもおかしくないはずです。

妬みを抱く人は、職場に複数いる同僚たちの中からターゲットを抽出する繊細さを持っていると言えます。

しかも、抽出する基準は、自分に脅威をもたらし、劣等感を抱かせる相手なのですから、妬む人は、自分を直視する瞬間を経験している人でもあります。

他者の存在を強く気にして、自分の存在価値を確認し維持したいという欲求が強いと言えるでしょう。

このことは、人間がより安全に生き抜くためには必要な能力です。

例えば、戦国時代の武将をイメージしてみてください。食うか食われるかの乱世競争社会において、自分よりも有能で資源を豊かに持っている敵の武将が、さらに勢力を伸ばそうとして、自分の領地や資源、統治裁量、勢力を奪いにかかってくる可能性がありました。自分の不安を煽り、自分の力量や評判など自分（の存在）に脅威をもたらす敵とは一戦を交えることでできるだけ早く排除し、自分の地位を盤石にしたいと考えます。

つまり妬みは、有能な相手から自分の資源を確実に守るためのセンサーの役割を担っているのです。

ただし、現代の人間関係では、自分より有能な相手を戦などであからさまに排除しようとはなりませんし、できません。

職場で自分の妬みの感情が誰かに知られれば、周囲からの評価や評判を自ら落とすことになりかねないからです。

そのような内なる感情と対峙するうちに、他者に対して

「あなたが今、ここにいなければ私の欲しいものがもっと容易《たやす》く手に入り、こんなに苦しむことも、イヤな自分を感じることもなくて済んだのに」

と妬ましく、恨みや敵意さえも混じった感情を心の内で盛り上げてしまうのです。

自分の力だけでは現状解決が難しいとき、しかも、欲しい資源が有限で手に入りにくいものだと思っているとき、あるいは競争状況にあるときほど、この感情と向き合わなければならなくなります。

この状態は、決して心地好い状態ではなく、心理的な痛みを伴っています。

まさに、アリストテレスが書き残している通り、妬みは「自分と同じような者が恵まれた状態にあるのを目にすることで、心に生ずる一種の痛み」なのです。[6]

妬みを抱えたときに脳内で起きていること

この妬みと脳活動との関連性について、検討した研究があります。[7]

平均年齢22・1歳の19人の男女が集められ、あるシナリオを、主人公を自分自身に置き換えながら読むように伝えられました。

シナリオの主人公（この19人の男女）は、学業成績、部活動、就職活動状況などは平均的な人物だという設定です。

この実験の結果、自分との関連性が低く平均的な能力の登場人物よりも、自分と関連性が高く、かつ、優れた能力や所有物がある登場人物に対して、妬みの感情を抱くことが示されました。具体的に言えば、

- 同性で、進路や就職先、ライフスタイルや趣味が共通している（自分と関連性が高い）
- 優秀な成績で、部活動でも活躍している（優れた能力や所有物がある）

このような人に対して妬みを抱きやすいというわけです。


さらに、脳の賦活状態（活動のレベル）を観察してみると、妬みを強く抱いた人は、前部帯状回と呼ばれる脳の一部分が強く反応していることが明らかになりました。

この前部帯状回は、血圧や心拍数のような自律的機能、意思決定や共感・情動といった認知機能、そして、身体の痛みに関係していると考えられています。

つまり、先にも述べた通り、妬みは心の痛みだけでなく、身体の痛みももたらすのです。心の状態と身体的な健康状態との密接なつながりを感じさせられる話です。

ちなみに、妬みの対象者に不幸が起きたときには、「ざまあみろ」の心（これをシャーデンフロイデと言います）が生じやすくなり、線条体と呼ばれる部分が活性化することも明らかにされています。

線条体が報酬系の部位であることを踏まえると、文字通り「他人の不幸は蜜の味」であると言えるでしょう。

さらに、前部帯状回の活動が強い人ほど、この線条体もまた強く反応したことが報告されています。

つまり妬みが強い人ほど、他人の不幸を喜ぶ「ざまあみろ」の心も強くなるというわけです。

自分自身が生き残り、よりよく生きるための自己利益を得るためには、優れた相手の存在を察知しておくこと、そしていつ脅威をもたらしてくるかアンテナを張っておく必要があります。

妬みの感情には、自分の資源を確実に保持するためのセンサーの役割と、自己防衛を図ろうとする機能があるのです。

疑問2

妬みのマネジメント法はないのか？

人が集まるとどうしても妬みが生まれてしまうのであれば、妬みの感情をマネジメントしたり、うまく活用したりする方法を知りたいところです。

どんな人でも妬みを持ってしまうリスクはありますが、妬みが問題になってしまう人とそうでない人は何が違うのでしょうか。

実は、妬みには2種類あることがわかっています。

「悪性の妬み（malicious envy）」と「良性の妬み（benign envy）」です。

悪性の妬みは、敵意や憤怒を中心にしてつくられている不快な感情です。いわゆる〝ねたみ、そねみ〟です。

一方、良性の妬みは、〝羨望、羨む〟というあこがれの感情です。

どちらも上方比較であるという点においては同じです。

自分より優れている相手を見て、「どうしてあの人だけ恵まれているんだ！　あの人さえいなければいいのに……」と思うのは悪性の妬みです。

妬みの二面性

	悪性の妬み	良性の妬み
対象	自分より優れた相手	自分より優れた相手
感情	敵意・憤怒	羨望
志向性	排他的 「あの人さえいなければ」	協力的 「あの人と一緒にやりたい」

自分より優れている相手に対してであることは同じでも、「自分もあの人みたいになりたい！」と思うこともあります。これが、良性の妬みです。

ちなみに、妬みと嫉妬の違いは、妬みは2人あるいは2つの集団の間で成り立つのに対して、嫉妬は3人の人物が登場するとき（自分が上司に注目され、チャンスを優先的に与えられてきたはずなのに、異動してきた同僚に上司の関心が向いたときなど）に経験する感情です。

自分にない「良いもの」を持っている相手に目が向くのは当然です。

そのときに、「あの人さえいなければいいのに」と、相手を排除しようとする志向になるのか、「あの人のようになりたい。あの人と一緒に仕事ができるといいな」と、相手を認めて協力的な志向になるのか。これが2種類の妬みの質的な違いです。

この違いは、次の心のステップとして、相手とどのようにかかわるかという動機づけに強く影響します。

たとえ妬みを抱えたとしても、必ず非生産的な行動に導かれるとは限りません。むしろ自分を奮起させる原動力に変え、活力にする場合もあるでしょう。

そこで次に、心の持ち方、感情の向け方とともに、いかに自分自身の生産的な行動の起爆剤にできるかを考えていきたいと思います。

非合理的な行動の源泉であった妬みの感情から、機能的な側面を引き出す方法を探ります。

「負けず嫌いの心理」を利用する

「嫉妬してしまった」と、誰もがふと気づく瞬間があるかもしれませんし、もともと「嫉妬深い私」を自覚している人もいるかもしれません。

そのような瞬間、あるいはそのようなタイプの人が、職場で少しでも心穏やかに、そして仕事を前向きに進めていくための方法が何かないものでしょうか。

ロックバンド・シャ乱Qのボーカリストを経て、作曲家やプロデューサーとして活動するつんく♂さんは、メジャーデビュー直後、なかなかヒット曲に恵まれなかったそうです。一方、同じ年にデビューしたミスター・チルドレンの桜井和寿さんは、一足先にミリオンセラーを達成し、トップバンドの座へと一気に駆け上がりました。

つんく♂さんはテレビ番組で、憧れとジェラシーを抱いていたと打ち明けており、負けたくないともがく中で、ライバルに勝つための方策を編み出して成長していったと自分自身を分析しています。

結論から言えば、これこそが、妬む(妬みがちな)人の生き残り・成長戦略です。

妬みには、実は、プラスに作用する心理的な機能が備わっていることが実証され、その仕組みが明らかになりつつあります。

相手と競い合う心理や、切磋琢磨の状態がその典型です。

妬みを持つ人ほど、実は「あの人に負けないように、少しでも追いつけるように」と自分のパフォーマンスを高めようとしているかもしれないのです。

マネジャーや経営者の視点で見れば、妬みは、組織内で（良い意味での）ライバル関係を作り出すことを可能にする原動力なのです。

妬みの力でパフォーマンスが向上する

ドイツの心理学研究者たちが、マラソン大会の2日前に出場者から研究参加者を募って、妬みの特性を計測するアンケートを実施し、目標タイムを答えてもらいました。[8]

その結果、良性の妬み傾向がある人ほど、目標タイムを高く設定し、実際にゴールしたタイムも良かったのです。

日本の心理学研究者もまた、大学生を対象に「妬みやすい人のパフォーマンス」を調査しました。[9]

この実験は、大学の講義時間の一部を使って行われました。

まず実験参加者たちは、自分の妬みの測定項目を含むアンケートに答えました。

さらに、1週間後の試験で何点を目標にするか、その得点を記入するように言われました。

1週間後、予告のあった試験が実施されました。

「この試験の点数は成績に反映される」と伝えられたので、実験参加者たちは真剣に問題を解いたはずです。

その結果、ドイツの心理学研究者たちと同様に「良性の妬みが、高い目標得点とそれに伴った良好な成績につながった」という結果が得られました。

これらはいずれも、妬みを感じることによって自分自身を研鑽することができる可能性を示しています。

妬んでいる相手から、アドバイスをもらう

韓国の経営学者リーたちは、妬む人が取りうる行動には大きく3種類があると言います。[10]

1つ目は、「妬みのターゲットXさんを引きずり下ろすこと」。

例えば、Xさんが仕事で失敗するように邪魔をする、Xさんの貢献度を差し引いて上司に報告する、社内にゴシップを流すなどです。

この方法であれば、妬んだ人は特段努力をすることなく、自分より秀でているXさんに追い付くことができます。

ただ、Xさんとの信頼関係はその後崩壊し、それによって職場では仕事がやりにくくなる、周囲も腫れ物に触るような余計な気遣いが必要になるなど、大小さまざまな損失が生じそうです。

これらの妬みの悪影響は、不用意に競争的な環境や機会を作り出すと観察されやすくなります。

管理職者や企画担当者が、社内の活性化を意図してコンペティションを行うことは常套手段ですが、意図しない副作用の方が大きくならないように見通しておくべきでしょう。

2つ目の行動は、相手を避けるというものです。

しかし、この行動もまた、職場やチームでの協力関係を築き、共通目標を達成するという目的には適いそうにありません。

3つ目が「Xさんにアドバイスをもらって積極的に学ぶ」という行動です。

この行動であれば、妬む人のパフォーマンスは改善されます。

しかもXさんは、「(実際には妬まれている相手から)尊敬されている」と認知できるのでお互いの関係性は維持され、もしかするとそれまでよりも良好な人間関係を築けるかもしれません。

この研究は、お互いが友だち(仕事以外でも会う人)であると認め合った間柄のときに、アドバイスを求める傾向が強いことを明らかにしています。

まさに〝良きライバル〟と呼べる関係性を築き、その中でお互いの強みや情報を交換し合えば、妬みも強力な資本になり得るというわけです。

「妬む部下」を持つ
リーダーの戦略

近年のように職場のダイバシティーが進んできたときに、リーダーに求められる力は、多様な価値観ゆえに生まれる軋轢《あつれき》の処理・対応力です。

メンバーの視点に立てば、さまざまな能力の人たちがいるからこそ他人と比べられるところが増える。結果、妬みが生じやすくなるという危険性を孕んでいます。

ネガティブな感情が喚起された人は、ポジティブな感情が喚起されたときに比べて、細かく局所的な部分で情報を処理し、記憶する傾向にあります[11]。

組織には多種多様な人々がいて、それぞれ長所と短所を持ち合わせているのに、妬みというネガティブな感情が、人の視野を狭め、特定の人物や他人の些細な一面をひどく気にさせてしまうのかもしれません。

こうして妬みを抱いた人は、「自分の方が同僚よりも価値があることを確認したい」「少しでも優れている自分を維持したい」という欲求を高めることでしょう。

ただしそのような人であっても、認められる領域を持っていたり、ある領域の責任者になっていたりすれば、たとえ他の領域で同僚に劣等感を抱いたとしても、その劣等感を緩和できる可能性があります。

2021年7月現在、私が所属する研究室では、妬みの緩和条件について検討を重ねています。

その中で例えば、役割があるときには、役割がないときよりも妬みが低減し、チーム内での前向きな行動傾向を高めることが明らかになりつつあります。

1人1役割――10人いたら10の役割を与える、自分たちで役割を作り出してみるという作業は、各人が仕事に責任感を持つためにも、職場内の対人関係を維持するためにも重要です。妬む相手ではなく、自分の役割に目を向けさせるのです。

多様な人が集まる職場だからこそ、役割という名の自分の居場所・存在価値が見出せる環境づくりは、妬む人のネガティブな感情を低減させて、チームにとってプラスの行動変容を導ける可能性があるのです。

妬みを買った人がとるべきアクション

妬まれている人は、日々どのような心理で過ごしているのでしょうか。

「周りの誰かを妬むことはないけれど、妬まれることはある」

と言う人もいることでしょう。

誰かから妬まれるということは、それほど注目に値する存在であり、人より優れていると認められたことを意味しています。

本来ならばそのことを喜び、誇りに感じてもいいところなのですが、実際にはそれと同等かそれ以上の不安に襲われ、脅威を感じてしまいます。

それは、自分を妬んでいる相手からの敵対的な仕打ちが予想されるからです。

しかも、それが職場の同僚であると認識した状態で日々の業務を行うことほどストレスフルなことはありません。

この後の話を読んでいただければ、妬まれる人の心とふるまいが、実は、妬む人との関係性や職場のパフォーマンスを決定づけていることが見えてくるでしょう。

妬まれた人が抱える葛藤

人は、自分が妬まれているかどうかに敏感に反応します。

このことは、自分自身の心理的、身体的な健康を脅かすことになるため、自己防衛的な反応として先天的に備わっている能力だと考えられます。

「社内表彰を受けて以降、同僚Ｙさんは何かと私に敵対心をむき出しにしてきていた。それなのに、あるプロジェクトメンバーにＹさんが選ばれてから、急に私に愛想がよくなった。

どうやら今度は、私を利用して自分の手柄にし、上司に認められようとしているらしい」

このようなとき、人は、自己防衛的になり、Ｙさんを避けようとします。

ただその一方で、人間はどこまでも社会的な動物らしく、自分を妬ましく思っているＹ

さんとですら関係を崩さないようにしたいという動機も共存させているのです。

そのため、妬まれた人の心は、密やかに裏切るかもしれないYさんを避けたい気持ちと、Yさんと関係を維持しておきたい気持ちの狭間で激しく揺れ動き始めます。

自分を傷つけようとしている相手に、自分の貴重な時間を捧げることに意味があるのだろうか、自分が時間をかけて蓄積してきた知識や情報を流してしまって本当にいいのだろうか……と。

妬まれる脅威から逃れる3つの選択肢

妬まれる人は、基本的にとばっちりを食っているのですから、災難なことです。

このような面倒な感情の標的にもなりたくないし、もしも標的になったとしても早く回避、解決したいところです。

妬まれる人も戦略的に行動しています。

妬まれることの脅威から逃れようとして、3種類の行動をとります。

「隠す」「避ける」「妬む相手と手を組む」です。

■1 隠す

1つ目の「隠す」は、自分の長所や能力を隠したり、控えめに見せたりすることです。出る杭を打とうとしている人に、「あなたが思っているほど自分には秀でたところはない」と自己呈示する行動（自分が他者からどのように見られているか、その自己イメージや印象を戦略的にコントロールする行動）です。

例えば、地位を得た人は自分が妬まれていると感じやすくなり、その結果、知識や情報を隠すようになる傾向があることがわかっています。[12]

ただし、この「隠す」という行動には注意が必要です。

妬みを買った張本人にとっては有効な行動に思えるかもしれませんが、組織全体で見れば、パフォーマンス低下につながる可能性が高いからです。

仕事に必要な知識・情報隠しは、対人コミュニケーションの不足だけでなく、地位（職位）間の分断を引き起こしかねません。

地位間の分断を防ぎ、また改善するには、管理職などの地位を得た人には、知識や情報を共有することが期待されていると認識してもらうことです。

そうすれば、周囲からの期待とそれに伴って高まる義務感が、知識隠しを抑制してくれます。

■2　避ける

2つ目の「避ける」は、妬む人を避ける、あるいはお互いが近接しないで済むように場所や役割を棲み分けるようにするという戦略です。

物理的に近く、またお互いにとって重要な同じ土俵でのみ生活していると、気にするなと言われても気になるものです。

ですから、それぞれが異なる強みを持っていると認識し合い、相互依存する環境（とくに心理的な環境）が整備されることは、それぞれの強みを発揮させやすくし、職場全体のパフォーマンス向上につながるでしょう。

これは先ほど述べた、一人ひとりに役割を与えるということとも通じる話です。

■3　妬む相手と手を組む

3つ目に挙げる「妬む相手と手を組む」は、自分の強みや長所、役立つ情報などの資源を妬んでいる相手に提供する、援助などの向社会的な行動をとるなど、協力体制を構築するという行動です。

社会心理学の研究者ヴァン・デ・ヴェンたちは、これらの行動のうち、3つ目に注目しました[13]。

援助のウラにある感情

ヴァン・デ・ヴェンたちの行った実験とその結果は以下の通りです。

はじめに、男女60名の実験参加者は「金銭的なインセンティブがパフォーマンスに与える影響についての実験を行う」と説明を受けます。

そして、「参加者」と「パートナー（実際には存在しません）」は、別室に分かれて課題に取り組みます。

その後、参加者に、自分の得点とパートナーの得点が報告されます。

実は、パートナーの得点は、実験者側がコントロールしたもので、参加者と同じ得点が知らされます。

■謝礼に差をつける

ここで、2つの条件操作が行われました。

［統制群］では、「参加者と同じくパートナーにも謝礼の5ユーロが支払われた」と伝えられます。

一方、［妬まれ群］では、「両者同じ得点を取ったにもかかわらず、参加者だけに謝礼5ユーロが支払われ、パートナーには支払われなかった」と伝えられます。

■ **援助するか、無視するか？**

その後、パートナーはまた次の課題（全7問）を解き始めたと知らされ、1問ごとに参加者にアドバイスや質問を求められる機会が設けられます。

参加者には、次の3種類の対応の選択肢が用意されます。

1　自分が正解だと思う答えを伝える。

2　自分は答えを知らないと伝える。

3　パートナーからのリクエストを無視して、その時点から対応するのをやめる。

その結果、最終7問目までアドバイスを与えた実験参加者の比率を見ると、［妬まれ群］では82・5％だったのに対し、［統制群］では60・0％に留まりました。

■妬まれたくないから援助する

こうして「自分は妬まれている（のではないか）」と感じとることには、相手への援助行動を促す機能があることが示されました。

さらに実験は何度も行われ、相手が悪性の妬みを抱いていると感じたときのみ、援助行動が促されることがわかりました。

相手が敵意を自分に向けていると思うとその相手を助けようとし、自分に憧れている（良性の妬みを抱いている）相手には、問題が進むごとに援助がなされなくなっていきました。

この結果を受けて、ヴァン・デ・ヴェンたちは、妬まれることに対する恐れを抱くことは集団に役立つ機能であると結論づけました。

一見悪にまみれたように見える妬みの感情ですが、この感情のおかげで、私たちは人間関係を維持する必要性に改めて気づくことができ、自分の心の安寧と相手との関係維持を両立しうる手段を考え出す知恵を授かっているのかもしれません。

もしそうであるならば、自然災害や経済変動が未曽有のレベルで襲いかかってくる時代でこそ、活かされるべきものです。

なぜなら、自然環境や社会の変化に伴って、人間同士の間にさまざまな格差が生じ、誰かが誰かを排斥する心を生んでいるからです。

妬みは人間の心の一側面にすぎませんが、そこにかかわる当事者それぞれの立場を理解することは、不必要な諍《いさか》い・軋轢を未然に防ぐことに役立つはずです。

こうした人間の姿を知ることは、身近な職場に即した具体的で、有効な対策やアイデアを生み出す可能性を高めることでしょう。

個人だけでなく、他人とのかかわり、社会や組織にあるネガティブな状態をポジティブな状態につくり変えていく――それを実現するために、どんなときでも自分だけはやさしく寛容であろうとする強さを大切にしたいものです。

重要ポイント

- 人間は感情に振り回されて、非合理的な行動をとってしまう。なかでも「妬みの感情」は人に破壊的な行動をとらせる力を持っている。
- 妬みを抱えやすいタイプの人は、自分の目標を高く設定し、目標に向かって突き進むことができるタイプの人でもある。
- リーダーの立場から見ると、条件さえ整えれば、妬みを抱えるメンバーはチームの起爆剤になり得る。
■特に「妬む人」と「妬まれる人」が手を組んだときに、「妬む人」のパフォーマンスが大きく向上し、より良い関係性構築のチャンスが生まれる。

第2章

「チームの温度差」を埋めよ

「組織をまとめるのが難しい」

そんな言葉が口をついて出るとき、私たちは、組織の何かを見て感じとっています。

おそらく、その多くは、メンバーのモチベーションに関することでしょう。

もっと正確に言うと、組織内の全員のモチベーションが低いというわけではない。けれど、モチベーションがある人たちとない人たちとの「温度差」を感じとっているのではないかと思うのです。

温度差のある集団が1つの目標に向かって物事を進めるのは、非常に難しいことです。

実は、チームの温度差を生み出す最大の要因は、上司と部下の人間関係にあります。

この章では、温度差が生まれてしまう原因と、温度差を埋めてチーム全体のモチベーションを高めていく方法について、組織心理学の観点から明らかにしていきます。

「チームの温度差」の正体
――リーダーを悩ます2つの凸凹

上司と部下の関係は、出会ったときに決まる

組織心理学の世界では、上司と部下の関係を「資源の交換」という視点から、ひもといています。

ここで言う「資源」とは、物質的な資源と、心理・社会的な資源をともに含みます。

上司から部下に与えられる資源には、例えば、昇進・昇給や情報、あるいはプロジェクトや教育プログラムへの参加チャンス、信頼などがあります。

逆に、部下から上司に提供される資源もあります。例えば、成果や営業成績、仕事に費やす時間のほか、労力、やる気、尊敬の念や好意などがそれです。

上司と部下は、出会った瞬間から資源の交換を始め、関係性（資源交換にもとづく関係性）

は比較的早いうちに形成され、その後安定し維持されていくと言われています。

このことを実証した3つの興味深い心理学の研究を紹介しましょう。

■1　部下にとっての「10分間の雑談」

私が所属していた研究チームで行った実験です。[14]

職場をシミュレーションして、初対面の上司と部下とで仕事をしてもらいます。

上司役（社会人のサクラ）は部下の監督・指導をします。

部下役の学生たちは、「目の前にいる初対面の上司とこれから一緒に仕事をすることになる」と事前の説明を受けます。

学生たちは2つのグループに分けられ、作業前にそれぞれ異なる条件を与えられました。

一つの条件では、上司と部下はときどき言葉を交わします。その内容は、「最近、寒いね」「調子はどう？」などのいたって普通の日常会話です。

もう一つの条件では、上司は忙しそうにパソコンに向かっており、仮に部下から話しかけられたとしてもそっけない返答しかしません。

その後、部下役の学生たちに、上司に対する関係構築の程度（例えば、「仕事をするのに良い関係がつくられていると思うか」「仕事を一緒に楽しくやっていけそうか」、「気が合いそうか」）を測定する質問項目に回答してもらいました。

その結果、日常会話をした上司の方が、そっけない上司に比べて、統計的に見ても有意に高く評価されました。

さらに驚くべきことは、この上司に対する評価の差を生むまでの時間は、たったの10分間だったということです（この実験には続きがあるのですが、それは第3章で再び話題にしたいと思います）。

■2　上司にとっての「新入社員の第一印象」

これに関わる初期の研究で、経営学者ライデンたちのグループは、企業で働く人たちにアンケート調査を行いました。[15]

この調査では、上司が新入社員に対して期待し、好意を抱き、自分と類似点があると認識すると、2週間後により良い関係性に発展することが明らかになりました。

1の実験と同じように、上司にとっても、部下の最初の印象が、その後の関係に大きな影響を与えるという結論が出たのです。

■3　出会って間もなく、その後の関係性が決まる

さらに、大学生を対象にした実験的な調査では、関係性が時間経過とともに発展していく様子が興味深く捉えられています。[16]

この実験では、1チームあたり学部学生5人前後で構成されています。大学院生たちが各チームのリーダーとなり、学部学生のメンバーそれぞれに評価をフィードバックするという役割を担います。

取り組んだ課題は、分散動的意思決定と呼ばれる、チームで取り組むコンピューターシミュレーションです。刻々と変化する局面の中で、規制地域を守るために協働するという課題です。

その結果、出会って間もなく、リーダーと各メンバーの間には、それぞれ固有の関係性が形成されていくこと、それは8週間が経過するまでの間にほぼ安定し、リーダーもメンバーも類似の認識・評価になったことが報告されました。

3つの実験のいずれの結果を見ても、関係性の形成にかかる時間は、勤続（予定）年数や同じ上司との共働年数からすれば、非常に短い時間だと言えます。

だからこそ、このあっという間に過ぎてしまう出会いの段階での、職場づくりと関係づ

くりのための初期投資が重要になるのです。

温度差の正体1 人間関係の凸凹

先の大学生たちへの調査の結果にある通り、上司と部下は出会ってすぐに資源交換を始め（もしかすると、その他の見えない情報もどこかで感じとりながら）、職場には多様な関係性（の質）ができ上がっていきます。

つまり、この資源が一人として同じではないので、10人いれば10通りの影響のカタチがあり、100人いれば100通りの関係性が存在することになります。

このカタチをつくっていくプロセスも、一定の時期になると安定します。

大半は、「あの上司、この部下のことはおおよそ知っている」という、能力や人柄に関する情報に基づいた関係性で落ち着きます。

ときには、自分の分身であるかのように熟知して、共感し、情緒的に結びつく関係性も少数でありながら形成されます。

この形成に手間がかかったとしても、こういった関係性が一定レベルで形成されたならば、相手の行動や考えていることの予測が立ちやすくなります。

つまりその予測が立てられるようになるまでの初期投資をしておけば、その後は、より少ない負担で適切に対応することが可能になります。

ただし注意しなければいけないのは、こうして形成された人間関係の質のグラデーションが、一つの職場を分断し、私たち一人ひとりの仕事人生を決めるものになってしまうということです。

リーダーと良好な関係にある部下は身内（内集団）として存在し、それ以外の部下は同じチームのメンバーでありながらよそ者（外集団）として存在する、という棲み分けがなされるのです。

上司と良好な（関係性の質が高い、内集団にいる）部下は、そうでない（関係性の質が低い、外集団にいる）部下に比べて、客観的なパフォーマンスや評価が高く、キャリア発達もスムーズです。

また、仕事に対する満足感や組織へのコミットメントも高い水準にあります。

これは、良好な関係にある部下の方が、自分自身が何を任されているのか、仕事上の役割を明確に認識できることによります。

一方、外集団にいる部下の仕事に対する満足感や組織へのコミットメントは、内集団にいる部下より低い水準になってしまうため、人間関係の凸凹が温度差を生んでしまうのです。

人間関係こそが、人生の質を決めている

ハーバード大学の「グラント研究」は、良好な人間関係を築くことが人生においていかに重要な意味を持っているか、極めて力強いエビデンスを提供してくれます。[17]

1938年にボストンで始まって以来、700人を超える対象者の人生を観察した、人生にまつわる最長の研究です。

この研究では、2つのグループの人たちの生活の様子をつぶさに記録しています。

一つのグループは、ハーバード大学卒業生。在籍中からこの研究に協力し、途中、第二次世界大戦、兵役などを経験しています。

もう一つのグループは、ボストンで最も貧困な地域に住む少年たち。困窮し、問題の多い貧困家庭の出身であったことから調査の協力対象者として選ばれたそうです。

それぞれのグループが経験してきた仕事、結婚や育児などのライフイベント、老後、さらには戦争や災害の経験など、10代の頃から老年までをさまざまな側面から追いかけた貴

重な資料の数々です。

例えば、対象者やその家族へのインタビュー、医療記録、血液サンプル、脳スキャン、社会的・経済的な状況、ファミリー・ヒストリーなど、ありとあらゆる内容のデータが蓄積されていると言います。

研究者たちは、この膨大なデータから、人の幸福や健康の維持に大切なものが何であるのかを見出そうとしたのです。

そして、このデータが示したこと——それは、周囲とのあたたかな人間関係やつながりこそが私たちの幸福と健康を高めるという結果だったのです。


人生の貴重な時間の多くを費やす職場において、単なる仕事上の関係であっても、その質は、部下にとっても、そして上司にとっても、自身の健康や幸福感を決める大切なものだと言えるでしょう。

温度差の正体2

モチベーションの凸凹

モチベーションは、行動に向かわせるプロセスのことです。

行動は、組織のパフォーマンスを直接的に左右するので、その源であるモチベーションに私たちの関心は常に寄せられています。

同時に、部下たちの間に生じるモチベーションの差は、いつでも拡大する状態にあることを私たちは念頭に置いておかなければなりません。

なぜなら、モチベーションは、それぞれの部下個人の中で変動していますし、組織内・組織外からの刺激によっても大きく変動するからです。


モチベーションには、内発的動機づけといわれる自家発電型の部分と、外発的動機づけといわれる他力本願型の部分があります。

前者は、取り組む課題に興味があったり得意だったりする場合や、向上心が高いタイプのパーソナリティを持っている場合などにあてはまり、周囲の力がなくても自分を動かしていくことができます。

ただ、組織には「意志の強い人」ばかりが集まっているわけではありません。

さらに、自分の意思を通しにくい状況もあったり、自分のやりたい仕事や得意な仕事ばかりができるわけではなかったりするため、チームの中にモチベーションの凸凹がいつ生まれてもまったく不思議ではありません。

スポーツをやっていたことがあればわかるでしょうが、合宿のときのあのきついトレーニングを繰り返すのは、考えただけでもうんざりするものです。

そういうときにはトレーニングに取りかかることすら、どうしても億劫になってしまいます。

ところが、自分の中ではブレーキがかかった状態にもかかわらず、いつしか一生懸命になっていることがあるから人間は不思議です。

おそらくそれは、コーチ陣や仲間たちなど周囲からの影響力、他力の部分によるものです。

チーム全体の雰囲気や規範がモチベーションに影響を与えます。

あるいは、チーム外（家族や地域の人たちなど）からの影響も多分にあるかもしれません。

こうして、自家発電型の部分に、他力本願型の部分からの刺激が組み合わさってメンバーの行動が生まれます。

メンバー一人ひとりの意志の強さに頼らず、チームのパフォーマンスを上げるためには、「メンバー同士が刺激し合う関係性」をいかにつくるかが重要になってきます。

リーダーとの関係性が、メンバーのパフォーマンスを決める

リーダーとの関係性の質が良ければ、高水準のパフォーマンスを期待することができるという確固たる研究結果があります。

アメリカの心理学者グラーエンたちのフィールド実験をきっかけに、リーダーとメンバーとの人間関係の質に関する実証研究が本格化したと言ってよいでしょう。[18]

この研究の対象者は、アメリカ中西部にある政府軍事施設で働く職員（ほぼ全員が女性で、同じ仕事内容に従事する人たち）でした。

4つの条件が設定されました。

［条件1］は、職務デザイン・トレーニングの条件です。

セミナー形式でのトレーニングが行われました。講義、職務状況の変更や問題点に関する討議を主軸にして構成された内容で、6週間実施されました。

［条件2］は、リーダーシップ（リーダーとメンバーとの関係性）のトレーニング条件です。

この条件では、積極的傾聴スキルを高めながら上司と部下がお互いを理解し合うこと、そして支援的な関係性の構築を目指すことに主眼が置かれた内容でした。

この条件に割り当てられた人たちは、講義や現場事例にもとづく討議、ロールプレイからなる構成のプログラムを6週間実施しました。

［条件3］は、これら2つのトレーニングを組み合わせた混合条件です。

［条件4］は、統制条件（成果の評価、意思決定、コミュニケーションに関する一般的な情報提供）です。

各条件に割り当てられた対象者たちには、職務態度や満足感、関係性の質を問う項目についてたずねました。

結果は、これらいずれの指標についても、［条件2］のリーダーシップ・トレーニング条件では、他の条件よりもポジティブな効果を示しました。

これが、組織やチーム運営における、上司―部下の関係性の質が高いことによる有効性を示す最初の知見と言われています。

その後の研究でも、上司―部下の関係性の質は、パフォーマンス、協力行動、職務や上司に対する満足感、組織への帰属意識、離職など、いずれの変数とも望ましい方向で有意な関連が認められています。

温度差を埋めるアクション1

あいさつの影響力

ただ、ここで疑問が一つ出てきます。

その疑問とは、リーダーは、チーム内のフォロワー一人ひとりと等しくかかわり、組織内の温度差を生まないようにすることは可能なのかということです。

実は、この問いに対しては、職場の関係性に関心を寄せている研究者の間でも意見が分かれています。

すべてのフォロワーと質の高い関係性を築くことは、可能であるとする立場の研究者もいますし、逆に、不可能だとする立場をとる研究者もいます。

ちなみに、不可能という立場には、必ずしも関係性の質を均一にする必要はない（かもしれない）という立場も含んでいます。

ここでは、可能であることを〝目指す〟という立場です。

ただし実際のところは、仕事ができる人を頼りたくなるのは上司として当然のことであり、短期的には有効なやり方であることも確かです。

しかも、ある程度の凸凹があるから、職場がちょうどよく助け合うことを知り、競い合うことを知り、実は調整がとれているということもありそうです。

そうであるならばなおのこと、その現場の声にも耳を傾け、この凸凹を活かすマネジメントを知っておくべきです。

職場内の関係性が均質とはいかない状態にあり、個々バラバラな心理状態にある。けれども、チーム全体のパワー発揮を必要以上に阻害せずにすむ、そこで押さえるべきポイントについてです。

個人と組織を活かすための手立ての幅を広げるために、凸凹な関係性を活かすマネジメントについても考えていくことにしましょう。

コミュニケーションは、めんどくさいもの

職場において、コミュニケーションは基本的にはコストです。

「あのとき、もっと確認をしておけばよかった、連絡をしておけばよかった」

と私たちはなぜ後悔するのか。

答えは、実にシンプルです。

面倒だったからです。

自分や相手の時間、そのお互いの時間を調整すること、話す場所の確保、話すこと自体に使うエネルギー、いずれもコストです。

気心が知れず話が伝わりにくい相手、厄介な内容のクレーム、重要性が認識できないいまの指示内容、繁忙期などとなればコストはさらにかさみます。

そのため、自分でやってしまった方がいいなどとつい考えてしまうものです。


組織を成り立たせている階層は、ときに非常に大きな障害物になります。

地位とそれに伴うパワーが付与されているせいで、話しにくさが生じます。

しかし、それならば「フラットな構造にしてしまおう」というわけにもいきません。

組織の運営を効率的にしようと思えば、目線の異なる地位と役割が不可欠なのですから。

対等な者どうしであれば譲り合ってしまうかもしれないところを、階層があるからこそ最終の意思決定がよりスムーズに行われ、かつ責任の所在を示すことができているという側面があるのです。

この部分を活かしながら「もう少しだけでいいから苦なく話せたらいいのに」「まとも

に話を聞いてくれるだけでもいいのに」という思いをさせないように先手を打つのです。

例えば、どの部分に補強の投資ポイントがあるのか、今すでにみなさんが行っているはずのことの中に見つけたいと思います。

ある企業の朝

ある会社には2つの工場があり、それぞれ100人ほどの社員が働いています。

一つの工場では、メンタルの不調を訴える社員が複数人出ているのに対して、もう一つの工場では、そのような社員は1人もいないというのです。

この違いは何によるものでしょうか。

人事部の担当者によると、メンタルの不調を訴える社員がいない工場では、工場長が、毎朝、社員一人ひとりに声をかけているのだそうです。

一方、メンタル不調者が出ている工場では、このような毎朝の声かけは行われておらず、その違いによって、働く際の心理に差が出ているのではないかというのです。

毎朝100人かぁ……と少々気の遠くなる話ですが、組織が100人規模になったとしても、現場のリーダーを通して、100人分の健康を保つかかわり方が可能だということです。

そして、こうした工場長の社員に対する朝の声かけは、コストではなく必要なことなのです。

社員一人ひとりの健康を維持し、ひいては事故発生の予防にも一役買っているのですから決して見逃すわけにはいきません。

職場の健康を守る朝のひと言の機能

2010年の厚生労働省の調査によれば、メンタルヘルス不調によってもたらされる経済的損失の推計額は、年間約2・7兆円です。[19]

自殺やうつ病がなくなった場合、2010年度の国内総生産（GDP）は、約1・7兆円引き上げられる試算だと言います。

これは他人事ではなく、メンタルヘルスは職場の生産性を左右するものですから、投資をすべき課題です。

少なくとも、リーダーの朝の投資がある工場では、損失を未然に防ぐことに成功しているのです。

自分から社員たちにあいさつをしたいと待ち構え続けているリーダーがいるところで、それに応えようとしない社員はいるでしょうか。

地味で地道な取り組みかもしれませんが、組織への貢献は大きいものがあります。

また、毎朝の声かけは、おそらくひと言程度のはずです。たとえ短い言葉でも、必要な言葉であればいい作用をもたらすということです。

それを実行しているこの現場では、毎朝声をかけ続けることで、社員たちの表情や声色、歩く姿勢の特徴を知り、それによって変化に気づきやすくなるので、何かあれば早い段階で対応ができます。

これが、社員全員と向かい合うということなのでしょう。

実は、あいさつの機能については、当たり前すぎて多くが語られていないように思いますが、組織を安定させる3つの重要な機能があります。

現場調査のフィードバックに出かけたときに、ときどき、「そう言えば、あの職場では、みんなあまりあいさつをしていないよなぁ」という話を耳にすることがあります。

調子の悪い職場では、あいさつをしないので雰囲気が澱《よど》んでくる。雰囲気が澱んでくるのであいさつをしにくくなる、という悪循環に陥っているのです。

まず、あいさつにはコミュニケーション開始の機能があります。

「おはよう」のひと言が、今日一日何が待ち構えているんだろう、職場で大きなミスをすることなくうまく過ごせるだろうかという不安や警戒心を緩和させるのです。

また2つ目に、友好さの証を示す機能もあります。

自分に向けられた「お疲れさま」の声かけは、声をかけてくれたその相手とつながっている感覚を与えてくれます。

チームに受け入れてもらえていることを感じとれる瞬間なのです。

こうした心理的に安全な状態を上司が用意してくれるのならば、部下との距離は縮むでしょう。

さらに3つ目として、あいさつは、それぞれの立場と互いが尊敬し合える関係であることを確かめる機能を持っています。

私たちは、このことを経験的に知っているので、相手によってあいさつの仕方を変えているのです。

異国の地で朝に生まれたつながり

もっと端的に、そして極端なことを言えば、朝のあいさつは生きる術です。私が外国で生活したときの経験です。

情熱の国スペインで、これから7カ月を過ごすぞという矢先、滞在初日からハプニングが勃発。致命的な下調べ不足だったのですが、英語が思いのほか通じにくく、旧市街にあるレジデンスのスタッフもどこもみなスペイン語。

地元の人たちとかかわる手段はただ一つ、毎朝〝¡Hola!〟とあいさつすることだけでした。また、食いっぱぐれないようにするためにも、私はここにいてカフェ・コン・レチェ（スペインで最もポピュラーなコーヒー飲料）が欲しいのだと伝えるためにも、毎朝あいさつを続けていました。

言葉が通じることがどれほどありがたいことかと感心する一方で、正直なところ、言葉を使えるからこそ感じていた束縛から解放される感覚もありました。

この感覚のおかげで、〝¡Hola!〟の1語を大切にできたのかもしれません。

レジデンスがある旧市街地はこぢんまりとしたところで、日本人はほぼゼロの街でしたので、（後から聞いた話によれば）元気にあいさつする日本人がいると噂になっていたようです。

そのおかげで、スペイン語がわからない日本人に、スペイン語を教えてくれる掃除のおばさんやバルの人たちが現れました。

市場で働くご夫婦が毎回サービスをしてくれたり、バルの店員さんにちょっとした危険から守ってもらったりしたこともあります。

何よりも、仕事の仲間たちととる毎朝の食事のときには、覚えたてのスペイン語が潤滑油になったのです。

たった1つの言葉でも、他者とのつながりや仕事の導入を円滑にしてくれました。

その言葉をお互いに交わしたときに生まれる空気感によって、人の気持ちは落ち着き前向きになれるようです。

宮崎駿監督は、あるドキュメンタリー番組の中で
「世の中の大事なことって、大抵めんどくさいんだよ」

と話しておられました。

面倒で、ちょっとくらいいい加減に扱ってもよさそうなことこそを丁寧に扱う心のゆとりを生み出せるようになったとき、組織の中で何かが動き出すのだろうと思います。

温度差を埋めるアクション2

ベクトルを合わせる

結果を出すチームほどスローガンにこだわる

チームは、「力の合成と分解」と同じ原理で力を発揮しています。

一人ひとりが発揮する力のベクトルが合わさることで、より大きなチーム力を生み出します。

ところが、ベクトルが別々の方向を向いていると、その対角線分の力になりますし、反対向きであれば大きな力が発揮されても引き算されてしまいます。

毎日の仕事に忙殺されると、仕事の方向性が当初の目的や目標からズレてしまうことや、悪気なく忘れ去られてしまうことがしばしば起こってしまいます。

そういう毎日だからこそ、節目には時間をとって確認したいものです。

ちょっと思い出すだけで、ズレかかっていたベクトルを軌道修正することができます。ベクトルが合えば、言葉は誤解なくスムーズに流れるようになります。

例えば、大学スポーツチームの多くは、主将や副将などの幹部選手たちが中心になって、スローガンや目標を一生懸命に考えます。

残念ながら、一生懸命に練ってかっこいいフレーズができたからと言って、勝てるわけではありません。

それがすぐに、チームに入部したばかりの1年生にまで浸透するとも限りません。

しかし、強いチームや成長していくチームは、そのようなスローガンを土台にした取り組みを日々の練習の中で根気強く続けます。

そして、もう一段強いチーム、その後も幅広く活躍する選手を輩出するチームでは、その言葉と込められた思いをいつも好んで使います。

その取り組みをした先に何があるのか、「何」のためにスローガンを意識して今この練習をしているのかという意味づけができたとき、人や組織はもう一歩先に進めるのです。

JALフィロソフィ

企業でも同じです。

JALは2010年に経営破綻、会社更生法の適用という事態に陥りました。負債総額は約2・3兆円で、事業会社としては戦後最大の破綻でした。

ところが、わずか2年後には「史上最高の純利益」を出すほどの劇的なV字回復を遂げました。

従業員が数万人規模の大組織でありながら、短期間で結果を出せる集団に変貌したのです。

実はその際に大きな役割を果たしたのが、「JALフィロソフィ」と呼ばれる、破綻後に新たに明文化された経営理念だと言われています。

私たちのプロジェクトチームではJALに勤める社員を対象に、経営破綻する前と後の職場の雰囲気を回答してもらったことがあります。

その内容について質的分析をしてみると、経営破綻前に比べて、破綻後は前向きに一体感を持って取り組む職場に変化していることが明らかになりました。[20]

さらに別のプロジェクトチームによる社員へのインタビューでは、ＪＡＬフィロソフィができる前とその後について、次のように語られています。

〝フィロソフィができるまでは、マニュアルに基づいた原則論でものごとが決まることがほとんどであった。また、新しい取り組みや施策について、上司や周囲が前向きに捉えてもらえないことが往々にしてあった。

その結果として、個人個人の考え方や思いがまちまちで、ベクトルが合っていないと感じることが多かった。

それがフィロソフィの浸透とともに、果敢に挑戦する、常に明るく前向きに、人として何が正しいかで判断するといった指針ができ、企業理念の実現に向け、いろいろなことが進めやすくなり、自ずとベクトルも合うようになったと感じている〟

現場において、ビジョンや目標を職場の隅々まで浸透させ、ワンチームにすることは至難の業です。ＪＡＬのような、従業員数が数万人規模の大企業であれば、なおさらでしょう。

〝今でも、年2回のフィロソフィ教育を実施しています。

当初、社員の反発は事実あったし、私もこのフィロソフィ教育を進行する立場として、パワーポイント（を）使いながら、説明するのですが、その中でも、非常に過激な意見もありました。アンケート（を）とっていたわけですが、こういうことをやっても意味があるのかという意見があったんです。

同じ人間が3年後に、やっている内容は良いことだと変わっていくのです。だから、個人の意識が、早かれ遅かれ個人差はありますが、微妙に変化してきているのは事実です〟

JALの場合には、地道な取り組みの積み重ねによって、ビジョンが浸透したことが伝わってきます。

メンバーに「大義名分」を与える

なぜ、ビジョンが明確でメンバーに浸透しているほど、強いチームができるのでしょうか。ビジョンが心にもたらす効用は、3つの段階で説明できます。[21]

■第1段階　心の準備

これでいいんだ、これが自分たちの信じるものなのだと思えれば、私たちは「やってみよう」と心の準備を始めます。

いわゆる自家発電（内発的動機づけ）のためのエネルギー蓄積です。

■第2段階　ビジョンに確信が持てるようになる

ビジョンが自分の中でぐっと腹落ちしたならば、人は自主的に動き出します。

勝つために必要なことならば、自ら進んで摑みとりたくなるものです。

幹部たちの心意気や自分たちの少し先の将来像は、自分たちの活動の意味になります。

スポーツチームを例にすると、ビジョンが、ベンチで仲間を応援する選手たちの間にまでしっかりと根づいたならば、そのチームは、単調でハードなトレーニングに不満を漏らすことはなくなるでしょう。

トレーニングに励み、その効果が、自分の能力やチームのパス成功率となって、数字でフィードバックされると、意味づけたことはさらに揺るがない精神的基軸になっていきます。

明確な目標を達成しようとする情熱は、執念とでも言うべきものへと強化されていくでしょう。

■ **第3段階　コミュニケーションの質が向上する**

ビジョンを共有したチームのコミュニケーションは、円滑で、素早く、正確に伝わるようになります。

それが、たとえ耳障りな情報だったとしても、です。


組織には大義名分が必要なのです。

それは、何か躊躇《ちゅうちょ》したときや、判断に迷ったとき、私たちに答えを導いてくれる精神的な拠り所になるはずです。大義名分を盾に意見すればいいのです。

個人が納得し、安心して仲間や組織と付き合える状態になること、それが風通しの良い職場へ変わるためのステップです。


〝超優良企業は、何よりもまず基本的なところでとくに優れている〟のです。[22]

コミュニケーションをコストなどと思わなくていい環境、関係性、自分の心の状態を維持できるように、〝ビジョンから離れない〟でコミュニケーションをとり続けること。

これは、チームのベクトルを合わせるために、リーダーはもちろん、メンバーたちも常に考えて実践すべきことに違いありません。

温度差を埋めるアクション3

情報共有を見直す

情報を共有するだけでは、人は動かない

個人でもチームでも、そのモチベーションを上げるも下げるも、コミュニケーションによるところが大きいことを否定する人はいないでしょう。

こんなにも根気強く追究されているトピックも他にそうないと思います。

コミュニケーションは、日常的にすべての人が当たり前にやっていることなので、いちいち振り返ることも少なく、うまくやっている〝つもり〟という思い込みにとらわれやすい行動です。[23]

その証拠に、組織・チームに事故や問題が起こると、

「もっとコミュニケーションをとっていればよかった」

「担当者どうしでもっとしっかり確認しておけばよかった」

という原因分析の結果が報告されます。

でも、私たちはそうやって冷静に立ち止まるまで、この〝もっと〟の部分をやろうとしていないのです。

では一体この〝もっと〟は何を指すのでしょうか。


コミュニケーションの役割は、ただ情報を共有するだけではありません。

仮に自分と相手が同じモチベーションであれば、情報共有のコミュニケーションだけでも問題ないでしょう。

しかし、現実には異なるモチベーションの人たちが集まって組織になっています。

ですから、情報共有はあくまで必要最低限のコミュニケーションであって、十分なコミュニケーションとは言えないのです。

そこで、「温度差を埋める」コミュニケーションが重要になります。

人のモチベーションが「他力本願型」の部分に大きく左右される以上、メンバーのパフォーマンスはコミュニケーションによって大きく変わります。

同じ情報、同じ声かけでも、誰が伝えるか、どんなタイミングで、どんな内容を伝えるかによってまったく違う力で相手に届きます。

「情報」＋「熱」を共有する

コミュニケーションは「熱伝導」です。

冬に握手をすると、相手の手がどれほどあたたかく、自分の手がどれほど冷たいかが伝わってきます。

そして、しばらく握り合っていると、お互いの手が少しずつ同じくらいの温度に変化していくのが静かに感じられます。

コミュニケーションとは、この握手のように、相手の存在を認識してお互いの熱を伝え合うことです。

コミュニケーションは関係性を生み、その関係性によってその後のコミュニケーションが促進も抑制もされていきます。

そして、お互いが同じくらいの温度になるまで熱伝導し合えたときが、はじめて十分なコミュニケーションがとれたと言える瞬間です。

これこそが情報共有できた状態なのです。

その状態になるまでには、一定の時間がかかります。それは、チームには情報を多く持つ人もいれば、少ししか持たない人もいるからです。技術・スキルに優れて多くの経験知を持っているベテランもいれば、そうでない新人もいます。希望に満ち満ちている人もいれば、不安いっぱいで仕事に向かい合っている人もいるのです。

このように、職場は、そもそも温度差を拡大させる要因を潜ませた人たちの集まりなので、言葉を単にやりとりするだけでは十分ではありません。

確かに、握手はしたかもしれませんし、言葉を交わしたかもしれません。

でも、相手の持つ熱を感じとったでしょうか。

しかも、相手の手が冷たすぎるときや凍てつく早朝には、ちょっとの握手だけであたたかさを等しくすることはできません。

反対意見を強固に持っている人との会話や交渉場面のときなどがそれです。

同じテーブルにつき、その場の時間の中で生身の者どうしが互いの言葉をどう用いるか。相手への共感や抜苦与楽に向かおうとする気持ちを持っていることを確認し合うことなくして、物事はうまくいきません。

情報共有の2つの落とし穴

先の読みにくい状況の中、答えがはっきりしない課題に対して、リーダーは意思決定をしなければなりません。

正解か不正解かわからなくても、それが、そのときのベスト解だと信じて進むには、チームのベクトルが合っていることが大前提となります。

意思決定やベクトル合わせに情報共有が重要であることは言うまでもありませんが、ここには注意が必要な2つの落とし穴があります。

■1つ目の落とし穴 「情報が足りていない」という錯覚

まず、はっきりしているのは、職務遂行においての情報は、量の問題ではないということです。

現代では、たくさんの情報が常に流れています。

この溢れ出ている情報量に飼い馴らされてくると、私たちは、慢性的な情報の不足感に襲われるようになります。

問題を解決するための情報は実はすでに手元にあるのに
「まだ足りないのではないか」

「まだ他にも必要な情報があるんじゃないか」

と外を探し回るのです。

この現象は、あるビジネスゲームをしているときに観察できます。

そのゲームでは、チームのメンバーがそれぞれ情報カードを持っています。

断片的で、内容表現が異なるこれらのカードの情報を口伝えし、1つの地図を完成させていきます。

チームの中の情報を十分に吟味すれば正解を導けるにもかかわらず、情報が足りないという思い込みが完成を阻むのです。

そして、課題が解けない時間が長くなると、そもそも解けないのではないかという疑いがメンバーの心を支配し始めるのです。

答えは、ちゃんとチームの中にしっかりと存在しているのですが。

■ 2つ目の落とし穴 「私は伝えた」という既成事実づくり

他にも情報共有の問題でありがちなことは、ありとあらゆる情報を峻別することなく垂れ流してしまう現象です。

例えば、職場で伝達ミスや情報不足を責められないようにしようとして、自分は伝えたという既成事実をつくるためだけのメールです。

そのようなメールは、受信ボックスに届けられた時点で即死状態です。

情報の量を増やすだけでは、生産的な活動、とりわけ創造的な発想を生む活動を望むことはできません。

「独自情報」が共有されているか？

もしも創造的な活動や重要な意思決定を推進しようとするならば、どんな情報共有がチームのパフォーマンス向上につながるのか、またどのような条件が整っていると、情報共有そのものを活性化させられるのかということを知っておくことです。

職場のパフォーマンス向上につながる有効な情報の共有には、大きく分けると2種類があります。

一つは、情報をオープンにして共有すること。

もう一つは、独自情報を共有することです。

経営学者のマグナスたちは、それまでに報告された論文を集めてメタ分析を行いました。[24]その結果、オープンな情報共有は、チームのまとまりのよさや、信頼し合う関係を形成するものであることが明らかになりました。

また、パフォーマンスの高さに直接的に影響していたのは、独自情報の共有でした。情報がオープンになることで醸成される協力的な風土の中では、自分が持つ独自情報をみんなと共有しようと思いやすくなります。

そうなれば、多くのメンバーが独自情報に接する機会が増えるので、結果的にパフォーマンスが押し上げられることになるのです。

シンプルな言葉ほど広がりやすい

今後はとくに、多様化するコミュニケーションツールの特徴を踏まえた、効果的で気持ちのいい情報共有を行うことに、もっと心を配らなければならなくなるでしょう。

どんなに良い情報でも、わかりにくい伝え方はすべての活動を妨げます。

新型コロナウイルスの影響を受けて多くの組織で一気にテレワークが広まりました。ウェブ上のツールを介したコミュニケーションは、対面での会話とは異なる部分があります。

オフィスで時間と空間を共有しているときならば、気づいたときにすぐにフォローできたことも、メールなどではそうはいきません。

とりわけ、言葉のニュアンスや雰囲気は、文字だけで伝えることに限界があります。メールやメッセージのやりとりが主になると、非言語の部分の役割の大きさを感じるものです。ある臨床心理学の先生に、「文字を書くように話さなければならない」と教えていただいたことがあります。

これからは、文字を書くときには声に出して、自分が今発しようとしている言葉の意味やトーンを確認しながら書くことも必要になると心しておいた方がよさそうです。

ミッフィーで知られるディック・ブルーナ氏は、4行12ページという1冊の絵本の中で、自分が書いたこれらの文字を声に出し、その音でも確認をしていたと言います。

そうしてでき上がった絵本は、子どもに伝えるためのものであると同時に、その親に伝えるためのものでもありました。平易でシンプルな言葉だからこそ受け継がれているのでしょう。

温度差を埋めるアクション4

人間関係の凸凹を埋める

この章の最後では、リーダーとの人間関係が良好な人たちと疎遠な人たちが、一つの職場に存在しているときのマネジメントの考慮点について見てみましょう。[25]

ここまでの話では、リーダーシップの観点から見ても、情報共有の観点から見ても、リーダーと資源の交換がうまくいっているメンバーほどパフォーマンスが高まりやすいという内容でした。

ただし、リーダーがメンバーと積極的に人間関係を構築していく際に発生する、2つのリスクを知っておかなければなりません。

リスク1 距離の近さが息苦しさを生む

1つ目は、上司との関係性が良いからこその息苦しさを生んでしまう、というリスクで

「上司と部下の関係性」と
「部下のストレスレベル」

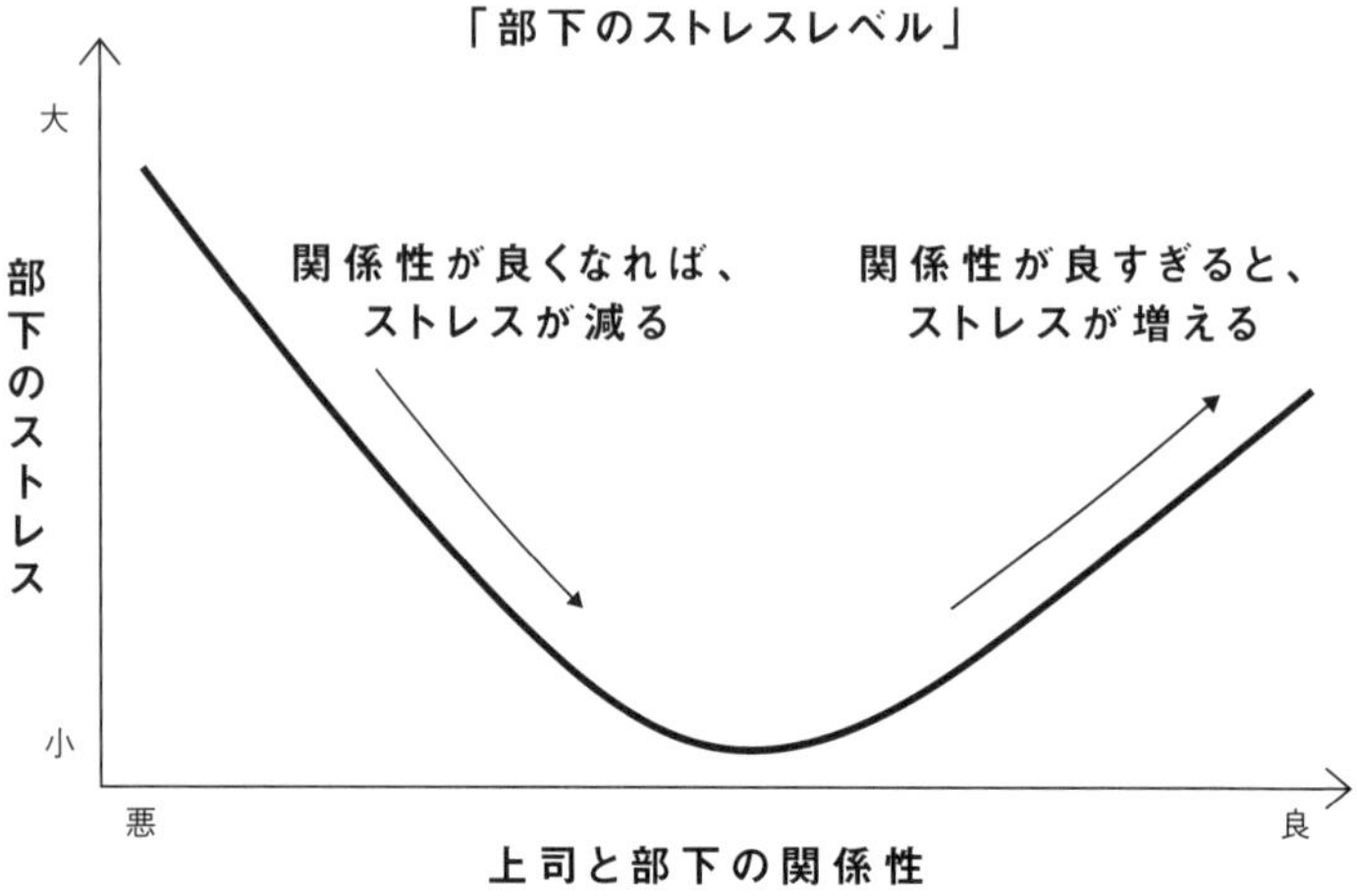

Harris & Kacmar(2006)を基に数値を省略のうえ作成

す。

健気な部下は、上司の度重なる要求に何とか応えようとし、ストレスを生じさせてしまうのです。

このことについては、アメリカの経営学者ハリスたちが、企業現場での調査を通して実証しました。[26]

それによると上司との資源交換を十分に行って良好な関係性を築いた部下が、その上司の期待に応えようとし、高い水準のストレス状態に陥っているというのです。

つまり、上司との関係性が悪くても良すぎても、心の健康状態にとっては望ましくないということです。

仕事を頼むと期待以上の成果をあげてくれる部下や、文句少なく引き受けてくれる部下には次々と仕事を振りたくなるものですが、それにも限度があります。

ヤマアラシのジレンマ

アルトゥル・ショーペンハウアーによって描かれた、「ヤマアラシのジレンマ」という寓話があります。[27]

寒い冬のある日、2匹のヤマアラシがその凍てつく寒さを凌ぐため、ピッタリとくっついて温め合おうとしました。

ところが、自分の体を覆う鋭い針毛が相手を刺してしまいます。ヤマアラシたちは、繰り返し試しながら、互いの針毛で刺して痛みを生むことなく、温まり合うことができる絶妙な距離を見つけていきました。

上司と部下の距離も、近すぎる状態はベストではないのです。

適度な心理的距離感を見つけるためには、コミュニケーションを繰り返し、相手を知り、自分の特徴も理解してもらうという共同作業が欠かせません。

リスク2

疎遠な部下を腐らせてしまう

もう一つのリスクは、上司との人間関係がうまく築かれていない部下の存在です。

このような部下は、険悪な雰囲気を漂わせては周りに気を使わせ、本人のモチベーションも職務遂行レベルもそれほど（本来出しうるはずの力量レベルほど）高く発揮されないことが多いので、職場に良い影響をもたらしません。

職場を侵食するこの負のオーラを抑制し、もう少し前向きな状態にすることができる条件がわかれば、人間関係の距離が多様なままであっても、組織のパフォーマンスを上げる原動力になるはずです。

では、凸凹のある人間関係であっても、チーム力が阻害されない条件とは何でしょうか。

それは上司と疎遠な関係にある部下が、

- 「上司の対応に差があっても仕方がない」という一定の納得感
- 「自分の頑張りで、今よりも関係が良くなるはず」という期待を持てることだと考えられます。

まず、上司の対応が部下によって異なる環境であっても、部下が「仕方がない」と思えるのは、どういうときでしょうか。

「上司たる者、どの部下にも基本的には平等に対応すべきだ」という暗黙の了解が職場にあるならば、上司の区別ある対応はこの規範から逸脱していることになります。

でも、部下たちの業績や組織への貢献度を反映して、上司から資源が提供されており、それが規範だというならばどうでしょう。

仕事の重要度や組織への貢献度によって上司の対応に偏りが出るのは、生産性を上げるうえで当然必要なことであり、部下から見てもそれはもっともな対応です。

部下も「仕方がない」と納得できるでしょう。

むしろ、資源交換の量や質、それに伴う関係性の構築具合の差異が大きいほど、上司は適切な対応をしていると言えます。

担当の仕事をより円滑に進めるための資源を上司から一定程度得たいのであれば、部下は腐っている場合ではありません。

また、「自分の頑張りで、今よりも関係が良くなるはず」と望みが持てるのは、どんなときでしょうか。

例えば、新入社員や中途採用の社員など、その職場に所属して間もない人たちにとってはとくに、上司と良い関係を築いている同僚を一つのモデルとして観察できるときなどがそれにあてはまるでしょう。

その同僚がどのようなコンピテンシー（高い成果や業績と直接的に関連する職務上の行動特性、遂行能力のこと）を持っているのか、どんな成果を出しているのか、どんな仕事のマインドなのか。

そして、それらのことから上司が部下にどんな仕事のスタイルを望んでいるのか、おおよそ理解することができるでしょう。

「自分の能力や成果を示せば、上司との関係が良くなるかもしれない」と、前向きな展望が持てる職場ならば、チーム力が必要以上に削がれることはなく、むしろ活性化することすらあり得ます。

もちろん、組織は健康的で、持続的に成果を出すことが大前提ですから、上司に媚びへつらうカタチではなく、建設的な関係性がモデルとされるべきです。

つまり、このような好循環を成り立たせるための条件は、リーダーの的確な「評価能力」です。

上司が、部下たちに対して適切かつ公正に評価を行うだけの能力を備えており、部下たちもまた、それを認識できている必要があります。

小規模な職場ほど、「人間関係の凸凹」をつくってはいけない

どんなに優れた処方箋であっても、すべての職場に適合するとは限りません。組織の心理学において、一定の頑強な理論は存在しますが、とりわけ人間関係の凸凹については、そこまで簡単な話ではありません。

同じ人間でも、ところ変われば処方箋の効果も異なります。

人間関係の凸凹について一つわかってきていることは、チームの規模に影響されるということです。

同程度の凸凹のある人間関係が、小規模のチームで存在している場合と大規模のチームで存在している場合とでは、チームメンバーに与えるインパクトが異なります。

北京科技大学のスイ教授らは、中国にある会社（製造業や電気通信関連の会社）を対象に調査を行いました[28]。

小規模とは4～5人程度のチームを、大規模とは10人程度のチームを想定しています。彼らの分析の結果によると、まず、同じチーム内に身内とよそ者の区別が多少は存在しても、ある程度の凸凹の関係性は、協力し合い、チームのパフォーマンスを促す刺激になっていました。

しかし、その凸凹が大きい（上司との関係性が極めて良好な部下もいる一方で、非常に険悪な関係の部下もいて、その差が大きい）と、協力もパフォーマンスも低いレベルになりました。

これは、やはり凸凹の少ない上司と部下の関係性を築くのがいいという話で落ち着く結果です。

ですが、この研究結果には続きがあります。

それは、小規模チームにおける関係性の凸凹がもたらすインパクトは、大規模チームよりも大きいという内容です。

少人数の部下しかいないのにえこひいきがあると、部下どうしは協力し合えず、その結果、十分なチーム・パフォーマンスを上げることができないのです。

これは、理論的にも説明可能な結果です。

チームの中で、1人の上司をめぐる関係性の良し悪しは、いわゆる、上司に目をかけてもらえている身内（内集団）と、そうではないよそ者（外集団）という2つのグループの結成を意味します。

小規模のチームの場合には、大規模のチームよりもお互いの存在をより明確に、個別に認識し合える状態にあるため、上司から提供される仕事上有利な資源があっちに行った、こっちに行ったということがはっきりわかってしまいます。

このことは、お互いにとって良い感情をもたらしません。資源を奪われたグループには敵意や妬みの感情を、資源を受けたグループには優越感や軽蔑の感情を生み出す素地が整っていくからです。

リーダーは、目が届く少人数のチームにおいてはとくに、凸凹の少ない良好な人間関係の構築に努めるのがいいでしょう。

「人間関係の凸凹」を補う職場外の力

ここに挙げたリスクは2つとも、リーダーに必要な留意点でした。

この項目の最後にお話しすることは、主に、部下の立場にある方へのメッセージです。

職場内での人間関係が難しければ、外の力を借りてみましょう。[29]

上司が持ち得る資源にも限界がありますし、もしかしたら最善の資源ではないかもしれません。

幸い、仕事は一つの部署・課だけで完結しているわけではありませんから、それを活用するのです。

凸凹の人間関係ができるそもそもの原因は、上司や部下が持っている物質的、心理的な資源にあります。

一定の関係性が築かれて組織が安定すると、疎遠な関係性になってしまった部下は、上司からの資源を十分に受けることができません。

各種の情報やサポートが不足してくると、部下から上司に渡す資源も貧相になっていきます。

部下にとってみれば、この不足している資源が補えれば、自分のタスクを遂行し目標を達成していけるはずです。

そこで不足分を職場外から補うのです。

職場の外にも自分を助けてくれるサポーターたちがいることや、そこからの資源獲得によって、もっとおもしろい展開があったり、新たな人脈が広がったりするかもしれません。

あるいは、外からの資源を受けとることで、上司が言っていたことの意味や対応の意図が理解できることだってあるかもしれません。

そうやって獲得し蓄積されたものは、新しい気づきや自信をもたらし、また組織にとっても価値あるものになるはずです。

リモートワーク時代のリーダーの役割

リモートワークの普及で、個人の働きやすさが高まる一方で、人間同士の物理的な距離が広がり、以前よりもコミュニケーションが難しくなったと感じている人も多いでしょう。

特に、リーダーやマネジャーの立場にある人にとって、離れた距離で働くチームで成果をあげるために、どのようにリーダーシップをとっていくかが試される時代です。

テレワークのストレス軽減効果

ベルギーのルーヴェン・カトリック大学の研究グループは、ベルギーの企業である実験を行いました。[30]

「介入（テレワーク）群」に割り当てられた社員たちは、最大週2日の在宅勤務を許可されました。

一方、［コントロール群］に割り当てられた社員たちは、在宅勤務を許可されていませんでした。

3カ月を経た結果、［テレワーク群］の方が、［コントロール群］に比べてストレスのレベルが統計的に有意に低下しました。

ベルギーの通勤時の交通事情は相当な混雑ぶりのようです。この結果は、おそらく通勤時間が減ったこと、同僚の割り込みが減ったことなどによると考えられています。

ちなみに、これら2つの群を比べたとき、仕事のパフォーマンスには差異が見られませんでした。

しかし、［テレワーク群］の社員について詳しく見てみると、（［コントロール群］との違いではなく）〝テレワークの日かどうか〟によって、仕事のパフォーマンスに違いが認められました。

テレワークの日は、職場勤務日に比べてストレスの程度が低く、加えて、仕事に集中できており、パフォーマンスが高かったのです。

この研究が示唆するように、ときどきいつもとは違う環境で仕事をすること、環境の違いを感じ取れる状態が、私たち働く者の心と活動のバランスをほどよく保ってくれる可能性があります。

もしそうであるならば、上司や仲間との交流は保ちつつ、時間・業務内容限定で導入するフリーアドレス（とくに空間そのものを自分で決めること）なども一定の効果を持つことでしょう。

離れていても、部下は上司のリーダーシップに影響を受ける

物理的に離れたメンバーに対するリーダシップについて、あるバス会社の示すデータが示唆に富んでいます。[31]

これは、PM理論で有名な三隅とその研究チームが、バスの事故率を低減させるためにPMリーダーシップのトレーニングを行ったときのデータです。

■PM理論とは？

このデータの話をする前に、少しだけPM理論について説明します。このPM理論では、リーダーシップを2軸で評価します。[32]

一つは、目標達成のために直接的に必要な課題志向の言動、いわゆるP（Performance）行動です。

PM理論
リーダーシップのスタイルごとに見る効果

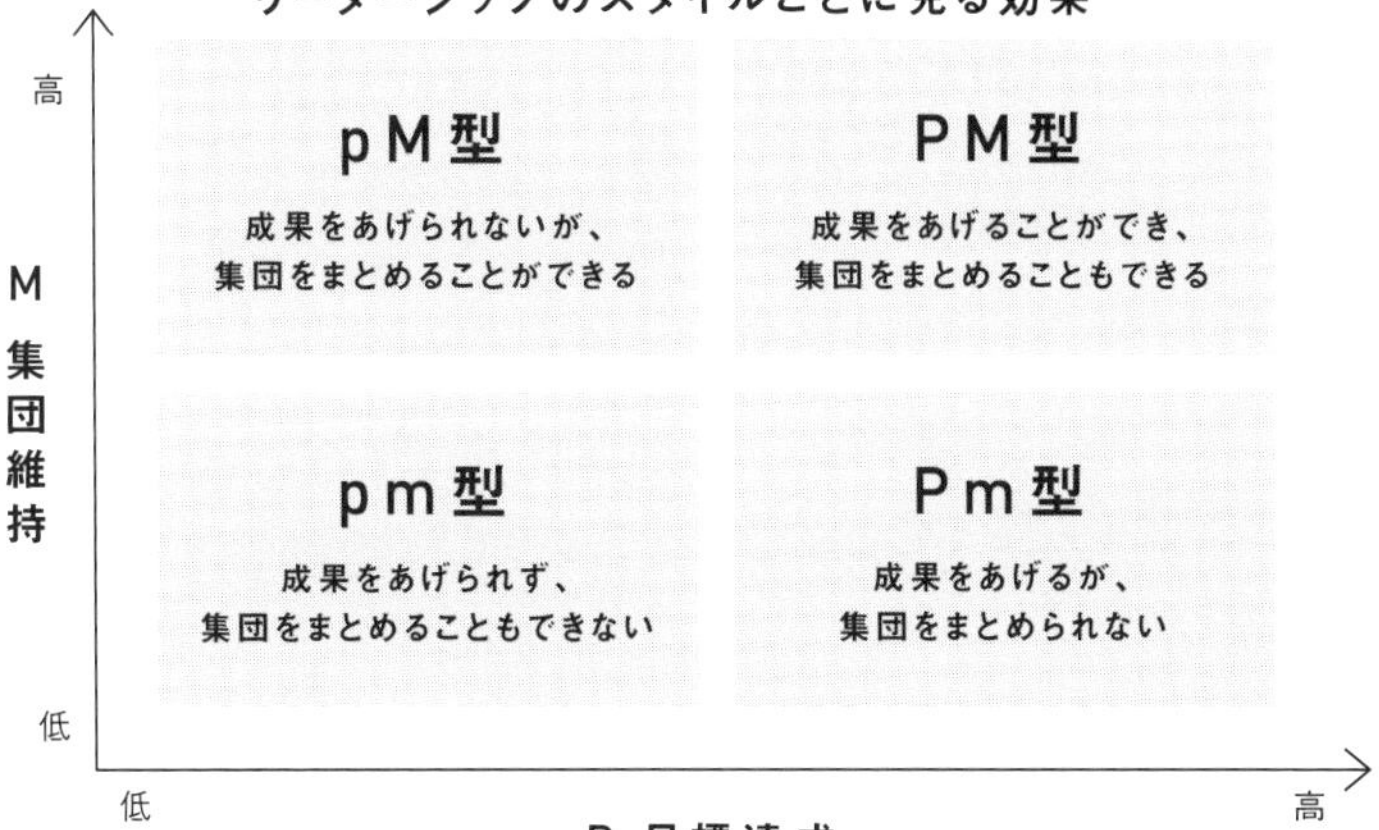
高
pM型
成果をあげられないが、
集団をまとめることができる
PM型
成果をあげることができ、
集団をまとめることもできる
M
集団維持
pm型
成果をあげられず、
集団をまとめることもできない
Pm型
成果をあげるが、
集団をまとめられない
低
低
高
P　目標達成

三隅（1984）を基に作成

この行動には、例えば、明確な計画や指示の提示、臨機応変な処置、新しい技術や知識の教示、ルール遵守の厳格さなどに関する言動が含まれます。

もう一つは、M（Maintenance）行動です。集団の雰囲気を維持すること、部下に対する配慮、能力や仕事ぶりを認めてそれを伝える言動、公平な対応などが含まれます。

そして、それぞれの評価得点の高低を組み合わせて、リーダーシップを4つのスタイル（PM型、Pm型、pM型、pm型）に分類します。

この理論のポイントは、部下による評価（とくに上司による自己評価と部下による評価のギャップ）にあります。

つまり、上司が〝伝えたつもりである（伝えたい）〟こと、すなわち自己評価の高さだけでなく、その〝伝えたつもり〟のことが部下たちに〝伝わっている〟かどうかという点が鍵を握ります。

もし、〝伝わっている〟ならば、上司に対する部下の評価得点は高くなります。

例えば、ＰＭ型のリーダーシップと評価されるのは、上司がとるＰ行動もＭ行動も、部下に十分〝伝わっている〟状態ということです。

逆に、ｐｍ型のリーダーシップと評価された上司は、日ごろ控えめであるのか、あるいはほとんど現場に関与していないのか、いずれにしても、部下にリーダーの想いが届いていない状態にあるということです。

部下に〝伝わっている〟ＰＭ型のスタイルは、他のスタイルであるＰｍ型、ｐＭ型、ｐｍ型の３つのいずれよりも、生産性は高く、部下のモラール（士気）や精神衛生、職場の状態（雰囲気、ミーティングの円滑さや業績規範など）も高い水準にあることが一貫して認められています。

■バス会社でリーダーシップトレーニングを実施

さて、バス会社の話に戻りたいと思います。時は高度成長期、街の中では車が忙しく走り回るようになり、それに伴ってこのバス会社では有責事故率がどんどん高まっている状態に陥っていました。

そこで、リーダーがＰＭ型になることを目指してトレーニングが行われたのです。

そのトレーニング介入が行われた後、上司たちのリーダーシップ発揮の状態はそれぞれ向上していきました。

それに伴って、会社全体の事故率は見事に低下し、とりわけＰＭ型の上司のもとでは事故率が顕著に低くなったのです。

この結果で注目すべきおもしろい点は、バスの運転士の日常の業務内容（〝運転〟という仕事）から見えてきます。

部下の運転士が上司とかかわるのは、業務前（および業務後）の短時間の点呼程度です。運転士は、勤務時間のほぼすべてを上司と物理的に離れて仕事をしているにもかかわらず、その職務遂行状態は、上司のリーダーシップ・スタイルの影響を受けていたのです。

この現場の取り組みとデータが私たちに教えてくれていることは、関係性の構築と維持がリーダーの活動の基盤だということです。

物理的に遠ざかっても、ＰＭ型の上司のもとで働く部下たちはお互いに結びつき、想いを共有し、自分の立場でできることをするように努める可能性が高いということです。

このことを踏まえると、現在のように働き方が大きく変化している時代でも、職場を団結して組織のパフォーマンスを上げることも決して不可能ではありません。

リーダーの、あるいは私たち一人ひとりのリーダーシップ（影響力）とは、このように、良くも悪くも思った以上に大きなものなのです。

新型コロナウイルスによる外出自粛期間のオンライン飲み会開催について、ある組織のこんな話を耳にしました。

飲み会当日、参加者一人ひとりが自分の好きなドリンクを手にしていました。実はそのドリンク1本1本は、職場の上司からの贈り物だったそうです。

上司は、その日に合わせて、社員が好きなビールの銘柄やソフトドリンクをそれぞれの自宅に送っていたのです。

「あの上司なら、そうするよね」と、社員たちはその上司の〝らしさ〟を語ってくれました。

疎遠だからこそ、自ら率先してちょっとした心配りを行い、誰かに大切に思われていると実感できる瞬間をつくることは、職場の結びつきを強くするでしょう。

お互いにとっていい塩梅《あんばい》の距離を見つけるためにも日ごろからコミュニケーションをと

り、環境が変化してもいつでも対応可能な状態にしておくことは、組織における最大の危機管理です。

重要ポイント

- 上司部下の関係作りは「初期投資」が最も有効。
- ただし、いくら初期投資をしても、チームの温度差は発生する。この温度差がパフォーマンス低下の大きなリスクになる。
- 温度差を埋める4つのアクション――「あいさつ」「ベクトルをそろえる」「情報共有の見直し」「人間関係の凸凹を埋める」――でチームのパフォーマンスを高めることができる。
- 物理的な距離が離れていても、メンバーはリーダーの影響を受けている。

第3章

「隠れた不満」を見つけ、有益化せよ

これまで出会ってきた上司の指示や要求に対して、あなたが、納得がいかず不満に思ったのはどんなときでしょうか。

上司と部下の関係は不満に満ちており、組織の中で最も多く経験されている葛藤だと言われています。

上司にしてみれば、周囲から嫌われることや不満を抱かれることを覚悟することはできても、わざわざ不満で充満した組織をつくりたいとは思わないでしょう。

しかしながら、メンバーの「不満スイッチ」は、いとも簡単に入ってしまうのです。

実際に、こうした対人的な摩擦の問題は、組織をマネジメントする上司の強い関心事にならざるを得ず、それに費やされる時間は、「上司の活動時間全体の2割以上」との報告があります。[33]

毎日仕事はたくさんあって忙しいのに、必要以上に人間関係に気を使って、対処法がわからないまま身動きがとれず、時間だけが過ぎていく……。

「そんな働き方はごめんだ」と思った人は、ぜひこの章を読み進めてみてください。

人間は一人ひとり違う生き物ですが、それでも多くの人に共通する心理や行動が存在します。これまでに世界中の組織心理学の研究者が、そのようないわば「人間の隠れた本性」を明らかにしてきました。

本章を読み終えたあなたが組織心理学のメガネをかけて、あらためて相手を見てみれば、相手の印象がガラリと変わるはずです。

そして、自分が周囲に対して本当はどのように関わるべきなのか、落ち着いて対策を立てることができるはずです。

組織心理学の知恵は、自分の身を守る防具にもなりますし、積極的に人を動かすための武器にもなります。

上司への不満は、常に隠蔽されている

期待と現実のギャップ

上司と部下の関係について組織調査をしていると、不満を抱える部下からはこんな声が聞こえてきます。

「上司は、結果や形式、締め切りばかりを気にして、容赦なくプレッシャーをかけてくる。丸投げしている感じしかしないのだけど……」

「上司の指示どおりに進めていたはずなのに、数日後にはまったく違うことを指示してきて、わけがわからない。いったい、どうすればいいのか……」

「残業をしないように仕事を早くこなすと、余力があると思われて仕事が次々と振られる。

これって、どうなんだろう……」

「要領が悪くて残業をしている同僚だけが、一生懸命に仕事をしていると評価されている。上司はいったいどこを見ているんだ。不公平じゃないのか……」


上司にも、言い分があります。


「現場を信頼して任せてはいるが、報・連・相がまったくないなんて。社会人として、これは基本中の基本だろう……」

「気づけば、勝手な判断で仕事を進めている。関係者や顧客に迷惑がかかってしまうじゃないか……」

「すぐに手を抜こうとする。能力があると見込んで仕事を頼んでいるというのに……」

「同じミスを何度も繰り返し、他の会社の人たちにも迷惑をかけているにもかかわらず、本人は重大なことと受け止めていない。少しは反省しろよ……」


まさに、会社は不満の宝庫です。

不満のほとんどは、自分が抱いていた期待と現実のズレによって生じます。

会社の理念や方針に対する自分の認識と実際のズレ、上司あるいは部下の仕事の進め方や生じた問題に対する意見や解決法のズレ、労働時間（残業）に対する認識や評価のズレなどです。

これらはいずれも、仕事上のストレスの原因になります。

厚生労働省の労働者健康状況調査によれば、働く人の半数以上が強い不安や悩みを抱えてストレスがあると答えています。

その割合は、１９８７年は55・０％、１９９２年57・３％、２０１７年58・３％です。

もしあなたが組織のリーダーであり、

「メンバーは、職場に満足して楽しく働いている」

と思っているのであれば、それは楽観的すぎるかもしれません。

あなたの職場も例外でなければ、「2人に1人」は不満を抱えているのです。

大多数は不満を我慢しようとする

上司の指示がわかりにくい、ころころ変わる、あいまい、そうかと言って聞き返すと嫌がられるなど、部下は、上司の指示をめぐる不満を頻繁に経験しています。

このとき、部下は、上司の指示に対してどう反応しているのでしょうか。

日本で600人を超える看護師を対象にした調査によれば、6割を超える人たちが、上司に不満を感じていても

・「我慢する」
・「仲間と愚痴を言う」

などをすることで、自分自身の負の感情を隠蔽していました[34]。

ちなみに、調査対象の2割程度は、「納得いくように話し合う」「相談をする」と回答し、その他の人たちは、「自分の意見を押し通して主張する」、もしくは「無視をする」という強硬手段をとると答えました。

このような不満を隠蔽する人間の姿を見て思い出すのは、アメリカの心理学者ミルグラムが行った有名な「アイヒマン実験」です。

ミルグラムはこの実験を通じて、多くの人間が権威者の指示によって他人に高電圧の電気ショックを与えてしまう様子を観察し、人間はたとえ良心の呵責にさいなまれる状況であっても、権威者に服従してしまうことを示しました。

「ＭＵＭ効果」
悪い情報を伝えたくない心理

海外でも同様に、部下が我慢して、上司に対してモノを言わない傾向が報告されています。

アメリカの心理学者のローゼンとテッサーは、この現象を「ＭＵＭ効果」と名づけました。[35]

ＭＵＭとは、口をつぐむという意味です。

「顧客からクレームがあったが、大したことではないだろう」

と、都合の悪い情報を上司に報告せずに、そもそもなかったことにしてしまうことも往々にしてあります。

人間、見たいものしか見えませんし、思い込んでいる事柄と異なる情報は理屈をつけて軽視してしまうという特徴を持っています。

そして何よりも、ネガティブな情報を伝えるのには勇気というコストがかかります。

もしものことを考えて正直に懸念を伝えても、そんなことを考えているのかと上司に思われて、自分にマイナスの評価が下されかねません。

このような人間心理のせいで、ネガティブな話は、上司には伝達されにくくなりがちなのです。

上司にはエラーを指摘できない

日本の社会心理学の研究グループは、〝白い巨塔〟を彷彿させるようなデータを示してくれています。[36]

これは、医療ミスが取り沙汰されるようになった2003年に報告された研究論文です。病院で働く看護師を対象とした調査です。

ある日、Aさんが投薬量を間違えている場面に遭遇しました。

このとき、あなたはAさんにその間違いを指摘しますか。

選択肢は3つです。

- 「ためらいなく指摘する」
- 「ためらいがあるが直接指摘する」

■「直接指摘しない」

指摘する対象Aさんは、看護師（看護主任、先輩、同期、後輩のそれぞれ）、薬剤師、研修医、そして医師です。

この調査の結果、異なる職種（医師、看護師、薬剤師）間で、エラーの指摘を躊躇する傾向が浮き彫りにされました。

とくに、医師に対して看護師が指摘するときの抵抗感は、他の職種に対するよりも強く、職種に伴う地位格差を反映していることがわかります。

また、同職種で見ると、後輩よりも同僚、同僚よりも先輩に指摘するときに抵抗を感じやすいという結果でした。

病院に限らず、このような地位格差はどこにでも存在していますし、その格差への対応の仕方は、経験的にもとてもよく理解できることです。

組織内の階層や役割・地位が、コミュニケーションの障壁を生むのです。

耳障りな情報や自分の評価や感情が含まれた不満は、ただでさえ伝え方やそのタイミングが難しいものです。

自分の今後の人事考課や上司の心証を考えると、伝え方が難しい案件が現場にはいくつも存在します。

「報・連・相」と簡単に言うものの、「言うは易く行うは難し」というのが現実なのです。

「不満の隠蔽」が重大なエラーを生む

職場の大多数が同じようなことを考えて沈黙しているとしたら、組織事故の温床となります。

このことをわかりやすく表現しているのが、ヒューマンエラーの研究者ジェームズ・リーズンが提唱した「スイスチーズ・モデル」です。

スイスチーズにはいくつもの穴が空いていますが、穴の位置や形状の異なるチーズを何枚も重ねることで穴は埋まります。

つまり、幾人もの眼が光り、防御策がいくつもあるならば、各種のトラブルの発生を未然に防ぐことが可能になります。

しかしながら、これらが機能しなかったときには、不祥事や点検ミスなどによる事故が発生してしまいます。

実に見事なまでに、チーズを貫通してしまうことがあるのです。

そこには、何か得体のしれない魔物が潜んでいて、私たちを操っているとしか思えないほどです。

でも、その魔物は、私たちが冷静になるまでは姿を変えて、素知らぬ顔をして私たちのそばにいるのです。そして、急に牙をむいて私たちに向かって挑んでくるのですから、本当に怖い存在です。

集団浅慮《せんりょ》が生じるときにも同じような魔物がいて、チームを良からぬ方向に導いてしまいます。人間が集団になったときの不可思議な力を感じずにはいられません。

この魔物が牙をむく前に、私たちは、お互いに冷静になってエラーを指摘し合い、修正できる時間的な猶予や場を設けることが肝要です。

不平不満を利用する

不満が充満した職場で、継続的に成果を挙げることは困難です。

しかしはたして、まったく不満を抱くことがなく、かつ、そのような人ばかりが集まり、その状態が長年持続される職場がベストなのでしょうか。

ゆっくりと進んでいる危機や環境の変化に気づかず、それらを認識したときには対応できず致命的な結果に陥ることを〝ゆでガエル〟と呼びます。不満が出ない職場で〝ゆでガエル〟にならず、個人も組織もしっかりと成長し続けていけるものでしょうか。

もしかしたら、不満があることで改善すべきことがあると気づき、その解決を試み、それによって私たちの意識や組織が浄化されているのかもしれません。

このような視点を持ったならば、不満とのつき合い方が重要だということになります。

そして、それを理解しようとすれば、組織の状態がマイナスからプラスに転じるようなマネジメントを考えるヒントも見えてくるはずです。

部下からの フィードバック

上司であれば、部下への指示や対応が効果的であったかどうか、気になるものです。

このようなとき、上司にとって最も有力なフィードバック情報となるのは、部下の反応と、その後の行動です。

こんな研究を行ったことがあります。職場の部下たちが不満を抱いたときにどのような行動をとっているか、上司に答えてもらいました。[37]

- 「議論し納得して従う」
- 「しぶしぶ従う」
- 「不服従（受け流す、直接断るなど）」

それぞれの行動をとる部下の割合も推定してもらいました。

同時に部下には、上司のリーダーシップについて、「課題志向的な行動（目標や計画、および指示の明確さなど）」と「関係志向的な行動（配慮や承認など）」の2側面で評価してもらいました。

その結果、不満を抱いた部下たちが「議論し納得して従う」傾向にあると推定した上司は、「しぶしぶ従う」や「不服従」の行動をとる傾向にあると推定した上司に比べて、部下たちからのリーダーシップについての評価は2側面とも高い水準にありました。

つまり、部下たちから不満が出ること自体は問題ではなく、むしろ風通しがよい証拠と考えることができます。

不満が出ることよりも、不満の感情やそれが隠蔽された状態で仕事に従事しなければならないこと、そしてそのことが原因で生じるトラブルの方が問題だということです。

小さな不満を歓迎する

実は、不満にはパラドックスが存在します。

それは、仕事に熱心に取り組むほど、人はやりがいを感じる一方で、同時に、もやもやした感情も湧き上がりやすくなることです。

上司に対して不満を感じたとき、そしてその不満が積もっているほど、部下たちの主体性が目覚めているということも多いのです。

これは不満が潜在的に持っているポジティブな側面です。

「なんで、こうなんだろう……」「もう少し……だったらいいのに」と解消しきれないものが体の中に籠もるのです。

このような不満を抱くのは、その人が組織に対して関心を寄せているからです。分析的な思考が促され、改善への期待を抱き続けているのです。

上司にしてみれば、部下の不満を目の当たりにしたくはないかもしれませんが、部下の不満は、「実はそうだったのか」と組織の課題を知り、業務の実情や部下に関する新たな気づきを得る機会になります。

部下たちのエネルギーが不満に注がれたのであれば、上司はすみやかにそれに対処し活かす必要があります。

彼らは、そんなに大げさなことを希望し、要求したいわけではありません。

ほんの少しだけでもいいから自分の働きを認めてもらい、自分が組織にわずかでも貢献できていること、上司に要求が聞き届けられたことがわかれば報われたような気持ちになってまたやっていけるのです。

人は、自分の大切なもの、社会的に価値あるものを他者に与えたときに幸せを感じる生き物であるようです。[38] しかも、自らそうしたいと望んだとき、幸福感を味わうことができるのです。

不満が小さいうちこそ、上司は部下を知り現場を知ることができますし、効果的な対処が可能になります。

不満をパフォーマンスに変える4つの環境戦略

ここまでの話で見てきたように、不満とは、その人が物事に真剣に取り組むからこそ生じるもので、私たちを主体的に考えさせ、行動するように仕向ける機能を持つものと捉えることができます。

こう考えると、むしろ健全な組織であればそこに葛藤はつきもので、歓迎すべきものだと考えた方がよくなります。

葛藤そのものが悪いのではなく、その取り扱い方が問題になるということです。

では、部下たちから生じてしまった不満という、一見ネガティブな事象をどうやってポジティブな組織運営に転換させていくか。その転換させる部分が鍵を握ります。

ここで整理しておきます。

そもそも仕事上の不満（とりわけ改善要求やネガティブな情報）について、部下がなぜ上司に直接話しに行かないのかと言えば、それはリスクがあるからです。

- 自分に対する上司の覚えが悪くなる
- 「じゃあ、君が策を具体的に練ってみてくれ」と、新たな仕事が振られたりする

といったリスクです。

つまり、これらのリスクを引き受けてでも、モノを言おうとさせる条件を整えていく必要があります。

環境戦略1

仕事の成果に基づく評価

例えば、手がけた仕事で成果を挙げたときには、しっかりと基準にもとづいて適切に評価されるというのはどうでしょう。そうでなければ、

「耳障りな情報を、わざわざ（悪い印象を持たれてまで）自分が伝えなくてもいいはず」
「煩わしいことに巻き込まれないように、何とかやり過ごせればいい」
「新たな仕事を請け負っても、まっとうに評価されたためしがない」

と考えた瞬間から、部下の側では上司とのかかわりにブレーキがかかるからです。これ

では、仕事の質を十分に高めることができません。

上司、部下ともに、タスク志向の意識を高める環境やかかわりが必要でしょう。


あるいは、比較的短い期間でのつき合いで済む、異動があるということなら少しは発言できそうでしょうか。

大抵、しぶしぶ従い、物申せない状態にある人は、

「この指示を断ったら、上司の機嫌を損ねるだろうな」

「この後もまだまだ、この上司のもとで働かなければならないのに、やりたい仕事も回してもらえず、査定に響こうもんなら厄介だ」

と、今後の仕事やかかわりを想定しているものです。

上司との関係が長期にわたると予想されるのであれば、なおさらです。


評価基準が、仕事の成果・成績よりも勤続年数・社歴や年齢に基づいていて、長期的な上司と部下の関係性を保証しているのが、年功序列の人事制度です。

年功序列の制度は、雇用が安定しているため、愛社精神を育み、チームワークを高める環境・風土を醸成するなどのメリットがあります。

ただ、不満を持ったとき、このような年功序列の会社で過ごす部下は、できるだけ事を荒立てることなくやり過ごしたいと考えるかもしれません。

そのような場合は、部下には自分の上司がどんなタイプなのかを見極めて、対応する処世術が必要です。

上司と同じ仕事観や志向性を持っているときには、直接話してみようとするけれど、これらが異なっている上司には、発言しないでおくのが最善策だ、といったようにです。

一方、成果主義や実績主義では、上司の個人的な好き嫌いの感情ではなく、仕事の成果や成績によって待遇が決められますから、上司がどんなタイプか見極めることにそれほど多くの労力をかけなくてもいいでしょう。

成果を出すために伝えるべきことは十分に伝えるという発想が生まれやすいはずです。仮に言い損じたり、何かしでかしたりしても、成果・成績を出せば救われる可能性があるからです。

しかも、評価によってはお互いに異動や転職もあり得る話ですから、年功序列に比べれば相対的に短期的な関係性を暗黙裡に前提としていると言えるでしょう。

社会人に対するアンケート調査の結果によれば、年功序列の会社よりも、成果主義や実績主義の会社の方が、上司と部下の関係性にかかわりなく上司への発言・議論が行われる傾向にありました[39]。

つまり、しがらみの薄い環境下では、個人の建設的な行動や組織の浄化、発展が促されるということです。

このように組織の人事制度（の機能）を知って、環境の力でマネジメントしていくことも重要でしょう。

環境戦略2

明確な役割を与える

他にも、いくつか有効な要因を挙げてみます。

一つは、個人の意識づけです。

新しいことや問題を修正していくことにかかわって、より良い方向に変化させていく責任があるという意識を高めることです。

あるいは、そういう役割を担ってもらうことです。

役割とは、集団や組織のある立場の人に期待した行動スタイルのことです。

例えば上司が、5年目の社員Aさんに、職場をマネジメントする力量を高めてほしいと思い、「新入社員の面倒を見てほしい」と話を持ちかけたとします。

人は、一般的には、他者から期待されるとやる気になり、パフォーマンスが向上したりするものです。

これを、ギリシャ神話になぞらえて、「ピグマリオン効果」と呼んでいます。

ピグマリオンとは、ギリシャ神話に登場する彫刻家の名前です。

この彫刻家が自分で彫った彫像に恋をして、「人間だったら……」と思い続けました。すると、愛の女神アフロディーテが彫像に命を吹き込み、その彫像が人間になったという話です。

逆に、期待されていない（と感じている）人の成果や業績は思うように上がらず、むしろ低下することすらあり、これは「ゴーレム効果」と呼ばれています。

ゴーレムとは、ヘブライ語で「形なき者」という意味があるようです。

意思のない泥人形であるゴーレムは、主人が操るままに動きますが、額に描かれている護符の文字を一字消すと、泥に戻ってしまうのです。

その様子になぞらえて、他者からの期待の低さに応じて、自分が持てる力量を発揮できず、成果が出せなくなる現象に、ゴーレムの名がつけられています。

話を戻しましょう。

Aさんにメンターとして後輩指導を任せたので、新入社員は職場に慣れ、仕事を覚えてくれるはずでした。

しかし、新入社員の仕事ぶりは芳しくありません。

よくよく様子をうかがっていると、Aさんは、新入社員の面倒を見てくれていないことがわかりました。

Aさんは、上司の期待や真意がどこにあるのか理解していませんでした。

自分自身の営業成績を上げることが優先事項で、後輩指導は自分の職務内容や評価に直接関係しない役割だと思っていたのです。

これは、Aさんが、後輩指導を自分が実行しなければならない役割であり、仕事内容であることを、明確かつ正確に認識していなかったことによります。

役割が明確であると、人は仕事に時間やエネルギーを注ぎ没頭する傾向が強まること、また、仕事への満足感が高まり、それに伴って組織に対するコミットメントも向上することが報告されています。[40]

周囲が自分の存在を認識してくれていること、そして期待を伴っていることが、私たちの仕事へのやりがいを生み、組織への愛着心を育てるのです。

環境戦略3

心理的安全性

3つ目は、心理的安全性です。

これは、個人がリスクテイクしても大丈夫な職場だと信じているということです。成功するチームの共通点として、Googleが注目したことで一気に広く知られるようになりました。

この「心理的安全性」に前述した「役割の付与」が組み合わさると、部下の主体的な議論を引き出すことができます。

新しい解決法を示すなどの発展的な議論や、望ましくない行為に指摘をするといった行動を促すのです。[41]

ちなみに、心理的安全性の醸成には、上司との良好な関係性がやはり大きく影響します。その他にも、職場が支援的であること、学ぶ姿勢を持った個人や組織であることが強く関与しています。[42]

こうして職場の雰囲気がつくられ、所属する人にもたらされる安心感は、情報共有、パフォーマンスや創造的な活動をしっかりと支えて促進してくれるのです。
イスラエルで戦略とマネジメントを研究するカルメリと共同研究者たちは、金融、通信、医療品・医療機器などの企業で働く社員を対象にアンケート調査を実施しました。[43]
その結果、組織のメンバーたちが互いに、目標や知識を共有し、信頼し合うような関係性が築かれているほど、心理的に安心して過ごすことができる環境がつくられていました。さらに、失敗から学ぼうとする姿勢や行動が育つ傾向にあることを明らかにしました。
ここでの安心感は、あくまで組織の成長や継続に必要な話をどこまで腹を割ってできるか、ということです。

環境戦略4

上司と部下の「仕事の志向性」を合わせる

上司にも、そして部下にも、それぞれ仕事のやり方というものがあります。

この仕事のやり方には、大きく分けると、「課題遂行優先の志向性」と「関係構築優先の志向性」の2種類があります。

目標達成にこだわるタイプの人もいれば、まずは人間関係を良好に築くことが大事だと考えるタイプの人もいるということです。

一般的には、上司は会社の方針に沿って、成果・業績を上げなければならない責務を負っていることもあり、部下に比べると「課題遂行優先の志向性」が強い傾向にあると言われています。

上司と部下の志向性が一致している方が、不満は生じにくく、生産的な職務行動が促されやすくなりますが、とくに関係構築に関する志向性のズレが大きいと、部下の不満は生起しやすいことが明らかになっています。[44]

地位・役割がつくり出している志向性のギャップを埋めることは、必要なことであり、その具体的な方法は、上司からの明るいひと声、仕事上のサポーティブな声かけ、目配りや心配りが感じられる瞬間を提供するなどが考えられるでしょう。

一瞬であれ、そうしたかかわりがあることは、上司であるあなたが今考えているよりも遥かに、部下には大きな励みになっています。

モチベーションを上げるコミュニケーション戦略

ほめるべきか、叱るべきか

ほめると叱る——これら2つの対応は、家庭や学校現場、そして職場での対応について考えるとき、古くから扱われてきました。

また、「ほめられて伸びるタイプです」と言う若者もすっかり市民権を得て、世の中でもすっかり、「ほめて育てるのが良い」という風潮になったように思います。

組織心理学の研究でも非常に多くの知見が蓄積されてきたテーマの一つです。

それらの研究を集めてメタ分析した結果によると、ネガティブなフィードバック（叱るなど）よりもポジティブなフィードバック（ほめるなど）の方が、モチベーションなど各種のポジティブな心理的・行動的な反応をもたらすと報告されています。[45]

例えば、ポジティブなフィードバックを受けた人は、フィードバックの内容を「的確である」あるいは「役に立つ」と評価し、それを受け入れ、肯定的な自己イメージや自己効力感を高めます。

また、組織に対する愛着を持ち、役割外の仕事や創造的な活動に積極的に取り組んで、会社を辞めようという気持ちは低いことなどが報告されています。

ほめは金銭報酬に匹敵する

人がほめられたとき、脳の中で何が起きているのかについて、機能的磁気共鳴画像法（fMRI）を用いて、脳科学の分野からアプローチしている研究があります。[46]

この実験に、19人の男女が参加しました。

検討の対象となる条件は、大きく2種類です。

一つは、報酬としてお金がもらえる状況下におかれた場合（金銭報酬条件）、もう一つは、他者からほめられる状況下におかれた場合（社会的報酬条件）です。

金銭報酬条件では、実験参加者に3枚のカードが配られ、そのうちの1枚を選びます。選んだカードに応じて、報酬が変わるという簡単なギャンブル課題を行いました。

実は、獲得できる金額はあらかじめ決められていて、［金銭報酬が多い群］［金銭報酬が少ない群］［金銭報酬なしの群］の3種類が用意されていました。

他方、社会的報酬条件では、実験参加者は、いくつかの性格に関する質問に回答し、ビデオカメラの前で自己紹介をしました。

その後、これらの情報をもとに、他者が実験参加者に抱いた印象をコメントしました。この条件にも、３つの群が設定されました。

ポジティブなコメントを受け取った［社会的報酬高群］、ネガティブなコメントも含まれていた［社会的報酬低群］、コメントが提示されない［社会的報酬なし群］です。

その結果、金銭報酬がもらえるときに賦活する脳の部位である「線条体」が、社会的報酬を与えられたときにも反応していることが明らかになりました。

つまり、他者からほめられることは、お金をもらったときと同じく、喜びをもたらしていたということです。

能力をほめるか、努力をほめるか

また、別の研究によれば、ほめ方によって、効果が異なると言います。[47]

この研究の対象者は、10歳前後の子どもたちです。

子どもたちは、幾何学図形を使った知能検査に取り組みました。

まず最初に、中程度の難しさの問題セットが与えられました。

そして、子どもたち全員に、実際のスコアに関係なく「8割程度は解けていた」と伝えられました。

その際、ほめ方の異なる3つの条件が設定されました。

一つ目の条件の子どもたちには「こんなに問題が解けたなんて、賢いわね」とほめました（「能力のほめ条件」）。

もう一つの条件の子どもたちには「こんなに問題が解けたなんて、一生懸命にがんばったのね」とほめました（「努力のほめ条件」）。

3つ目の条件の子どもたちには、何もほめませんでした（「統制条件」）。

その後、再び、すべての子どもたちに、最初よりも難しい問題に取り組んでもらいました。その結果、半分も解けていなかったと、ネガティブな結果が子どもたちに伝えられました。

さて、このような経験をした子どもたちは、その後、どのような反応を示したのでしょうか。

1回目のテストで「賢い、頭がいいわね」と能力をほめられた子どもたちと、「がんばったわね」と努力をほめられた子どもたちとでは、何か違いが見られたのでしょうか。

一連の研究を通じて明らかになった主要な点を挙げてみます。

■追求する目標が異なる

ほめ方の違いによって、子どもたちが追求したいと思う目標の種類が異なりました。

研究のデータによれば、成績目標を選んだ子どもは、「能力のほめ条件」で67%、「努力のほめ条件」で8%でした。

「努力のほめ条件」のほとんどの子どもたちは、学習目標を選んでいました。

能力をほめられた子どもたちは、頭の良さを維持したいと思うようになったのに対して（成績目標が意識化された）、努力をほめられた子どもたちは、新しいことを学びたいと思うようになりました（学習目標が意識化された）。

■取り組みの姿勢が異なる

ネガティブな結果を受けた後、子どもたちの取り組みの姿勢や成績が異なりました。

［努力のほめ条件］の子どもたちは、［能力のほめ条件］の子どもたちに比べて問題を解くことを楽しめており、「この後も問題を解き続けたい」と思っていました。

そして、最初の問題よりも後の問題で成績を向上させました。

■報告の仕方が異なる

自分の成績の報告内容が異なっていました。

子どもたちは、悪い成績だと告げられた後、別の地域に住む子どもたちにこの問題について説明をしてほしい、そして、内緒で自分のスコアも教えるようにと伝えられました。

その様子を観察すると、［能力のほめ条件］の子どもたちのうち3分の1以上は、自分の得点をごまかしたのです。

それに対して、［努力のほめ条件］や［統制条件］の子どもたちのうち、自分の得点をごまかしたのは、それぞれ13％、14％に留まりました。

人は自分の努力を認めてもらって育つ——人が喜びや前向きな心持ちを高め、行動を促し、成長の資源や機会を摑んでいくのでしょう。

「ほめて人を育てるなんて理想論じゃない？」

ところが、企業の現場やスポーツチームなどを見渡してみるとどうでしょう。

「ほめることは本当に〝良い〟対応なのか？」

と問われることがあります。

その問いかけの奥底にあるのは、部下をほめると、

「気が緩んでしまうようだ」

「調子にのってしまい、その後注意散漫になる」

「ミスが生じやすくなる」

という経験知の蓄積なのです。

このような半信半疑のままで、でも世間一般では〝良い〟と言われているからほめる、やらないといけないのだろうという程度でほめても、十分な効果を期待することはできま

せん。

ほめればほめるほど、社員たちのモチベーションは上がるのか。

このような現場の疑問には答えていく必要があると思います。

もし、そんな魔法のような方法があるならば、現場の人たちが苦労することはなかったでしょうし、研究者ももっと他のことに力を注いだはずです。

ですから、ここで改めて問いたいと思います。ほめることは、組織で働くリーダーたちにとって役に立つものなのか、と。

福知山線脱線事故

私たちのプロジェクトチームでは、過去に「部下に対するポジティブ・フィードバックが機能しないとき」という論文を発表しました。

この問いは、２００５年4月25日、西日本旅客鉄道（以下、ＪＲ西日本）の福知山線で発生した列車脱線事故がきっかけでした。

乗客と運転士を合わせて１０７名が死亡、５６２名が負傷したこの列車事故を契機に、ＪＲ西日本は安全研究所を設立（２００６年）しました。これは、ヒューマンファクター

（人間の行動特性）研究の一環として立ち上がったプロジェクトでした。

事故原因は多岐にわたりましたが、その中でも特にマスコミが大きく取り上げるようになったのは、〝日勤教育〟と名づけられた上司—部下の教育体制でした。

日勤教育とは、インシデント（鉄道運転事故が発生するおそれがあると認められる事象）を発生させた運転士に対する再教育の俗称で、上司の裁量による懲罰的性質の強い教育が行われていたのではないかと指摘されたのです。

ＪＲ西日本の場合、これ以降、事故を引き起こす可能性が教育のあり方やリーダーによる対応にあるとするならば、組織風土を変革しようと取り組みを開始しました。

「叱る文化」から「ほめる文化」への変革です。

ただ、この組織変革を実現するためには、ほめることがリーダーの〝良い〟対応であることが示される必要がありました。

ほめることの効果を実験で明らかにする

さて、ほめることは本当に効果的な対応なのか？

この問いに対する答えを導くために、アルバイトとして募った大学生80名を対象に、実験的な方法を用いて実証を試みました（第2章68ページで一部紹介した研究です）。

大学のある一室を職場に見立てて、実験とは知らない部下役の学生たちにその一室に入ってもらいます。

そこでは、初対面の上司（サクラ）と一緒に仕事を行います。

上司役は、ＪＲ西日本の管理者経験者の方でしたので、実験にリアリティを出すには十分でした。

部下の仕事として求められたことは、産官学連携プロジェクトのイベントがあり、そのイベントに参加する来客者の電話対応です。

イベント会場までの道順について、安全でわかりやすく説明する仕事です。

電話対応の開始前に、上司と部下は、10分間交流をしてもらいました。

実は、ここからすでに実験操作が行われていました。

- 一つの条件［関係性高群］では、この10分の間に、日常的な会話をしてもらいました。
- 他方の条件［関係性低群］では、上司には、目の前のパソコンで忙しそうに仕事をするなどして、会話がしにくい状態をつくってもらいました。

この実験を行う前の研究検討会などでは、10分程度で関係性（の認知）に明確な違いが本当に出るだろうかという声もありました。

この実験が失敗すれば、現場の人たちの疑問に答えられなくなる肝心の部分でした。

しかし、すべての実験を終えて行った分析の結果、［関係性高群］では、低群に比べて上司を信頼している（この上司となら一緒にやっていけそう、信頼できる等の認知・評価をしている）という結果が出て関係者一同ほっとしたものです。

さらに、10分間の上司—部下の交流を終えたら、電話対応を始める前に、部下には以下の目標を持ってもらいました。

▪一つの条件［基本目標の条件］では、マニュアルに書かれた内容（電話対応のマナー）を遵守し、ミスを避けて安全確保を強く意識した道案内を電話で対応するようにと伝えられました。

▪もう一つの条件［工夫目標の条件］では、相手に配慮してわかりやすい説明を心掛け、サービスの質向上に向けた工夫ある電話対応をするようにと伝えられました。

ここまでで、上司との関係性（高、低）と部下の目標（基本、工夫）の4条件ができ上がりました。

そして、今後同様のイベント運営を行うときの参考資料にするというカモフラージュをして、上司との関係性（信頼できそうな人かどうか等）や印象評価、仕事に対する部下のモチベーション（仕事に対する責任感）などについても答えてもらいました［初期値の測定］。

記入後しばらくしたところで、外部（この人もサクラです）から電話がかかってきていよいよ対応本番です。

部下が対応している間、上司はそばにいます。部下からすると、なかなか緊張する状況です。

1回目の電話対応が終わった後、ほめの操作を行いました。

［ほめ条件］では、上司は、「今、工夫して説明していて、よかったよ！」というひと言をフィードバックしました。

［ほめなし条件］では、上司はとくに何も言わないままでした。

このフィードバック時間を見計らって、2回目のアンケート調査への記入を求めました。

この後、同様の電話対応とフィードバック操作をもう1回繰り返して、実験を終了しました。

効果的な「ほめる」に必要な2つの条件

実験の結果です。ほめることは、ポジティブな効果をもたらしてくれるのか。

答えはYESでした。

ただし、それは限定的なもので、2つの条件を満たさなければポジティブな効果を得られないということもわかりました。

部下のモチベーション（仕事に対する責任感）に対する効果については特に、とても興味深い結果が得られました。

■1　ほめどころ

部下の責任感を高めたのは、上司が、ほめどころをほめたときでした。

「工夫目標」を設定し意識することが求められた部下たちに、上司が「工夫して、よかったよ！」とフィードバックしたとき、次の仕事も手を抜かず責任をもって努めようという意識が高まったのでした。

一方、「基本目標」を持って取り組んだ部下の場合、上司から「工夫していて、よかったよ！」と言われても、責任感の得点は変動しませんでした。言葉の上ではほめていても、部下にとってその意味や意図はきっとピント外れに響いたに違いありません。つまり、より前向きな職務態度を育てる上で、ほめどころを見つけてそれに即した前向きな言葉を伝えることは重要なポイントと言えるでしょう。

■2　良好な人間関係

部下の責任感を高めたのは、「上司との人間関係」が良好な状態で形成されていたときでした。

上司がほめどころをほめると、部下の責任感は確かに高まっていきました。世間一般で言われている通り、ほめることは〝良い〟ことです。

しかし、非常に重要で注意しなければならないのは、このほめ言葉のポジティブな効果は、そもそもの人間関係が良好に築かれているときに限った話だということです。

この実験の結果で言えば、出会ってすぐの10分間で形成された関係性がその後の仕事に対する取り組みの姿勢をポジティブな方向へと変容させたことが、それにあたります。

しかも、1回目にほめたときよりも、2回目にほめたときにはさらに責任を持って、手を抜かずに取り組もうという意識が高まったのです。

ところが、上司との関係性が十分に築かれていなかったときには、同じ言葉でほめたにもかかわらず、部下の責任感は初期値よりも低下し、その状態が維持されたのです。

つまり、そもそもの人間関係が整っていないところでほめたとしても、ポジティブな効果を持たないどころか、仇になることすらありうるということです。

部下にしてみると、仕事を始める前の上司の対応や雰囲気からするとほめられていると は思っていなかったでしょう。

この結果は、上司からの想定外の対応に対して、部下が戸惑いを感じ、また上司の真意に対して疑念を持つことになったことによると考えられます。

この研究で明らかになったことをまとめると、次の通りです。

- ほめどころをほめることで、部下の責任感やモチベーションを高められる。
- 人間関係の豊かな土壌がないところでどんなに美辞麗句を並べても、相手の心には響かない。

「ほめない」＝暗黙の叱責

職場の中で、関係性が良好だと思える部下、あるいは後輩を思い浮かべてみてください。あるいは、上司と比較的うまくいっているというならば、その上司を思い浮かべてください。

最近、あなたは職場でその人をほめましたか、あるいはほめられましたか。

部下から時間をかけて練り上げられた企画書や試作品があがってきたとき、それを見たあなたは、どのようなコメントを返しましたか。あるいは上司からどのようなコメントが返ってきましたか。

もしかしたら、次の指示が飛んできただけで、労いのひと言もなかったかもしれません。

「職場でほめられることはないよなぁ……」

という状態が、〝ふつう〟になってしまっているようにすら感じることがあります。

上司の立場にある人は、

「言わなくても私が〝良い〟と思っていることくらいは、長い付き合いの中だから雰囲気で伝わっているだろう」

「悪いことは早く伝えておかないと大変なことになる。でも、ほめるのは、この仕事がひと区切りになったときでいいだろう」

と考えているうちに、結局は伝えそびれてしまったということはありませんか。

先ほどの実験結果のうち、興味深い点について、少し補足してみたいと思います。

もし、部下との関係性が良好でも、(自他ともに認めるほどに)がんばっている部下をほめないでいるとどうなるのでしょうか。

自分なりに工夫を重ねて仕事をしている部下に上司が何のフィードバックも与えないでいた条件では、部下は「暗黙の叱責を受けている」と感じていたのです。

上司と疎遠な関係性にある部下の方が、暗黙裡に叱責されているという感覚が高まりやすい傾向にありましたが、上司と良好な関係性にある部下も程度の差こそあれ、同様のことを感じていたのです。

「上司とはうまくいっている(はず)、そして今、自分は自分なりに考えを重ねて仕事にあたっているけれど、上司は何一つほめることはない」

このように、良好な関係にある上司から、今回の仕事については何の労いも前向きな言葉もなかったという部下は、ひと言のフィードバックをもらった部下と比べて、統計的に有意に叱責されていると暗黙のうちに感じていたのです。

この実験は、上司─部下が出会って間もない関係性初期のころを模したものなので、そうであるならば、新入社員の期間にはとくに意識して対応したいところです。

心しておきたいことは、疎遠な間柄だから言わない、良好な間柄だから言わなくても伝わっている、ではないということです。

人を前向きにする言葉は大切だからこそ、惜しみなく確実に届けたいものです。

重要ポイント

- ほとんどの組織では、不満が隠蔽される傾向にある。
- ただし、不満は「やる気」の裏返しであり、チームが変化するチャンスでもある。不満をいかに有効活用できるかが、リーダーの力量である。
- 不満を有効活用するためにできることは、大きく2つあり、一つは「組織のメンバーがリスクをとって不満を表明しても大丈夫だ」と思えるような環境をつくること。もう一つは、ほめることで、メンバーのモチベーションを向上させること。
- ほめ言葉は金銭報酬にも匹敵すると考えられる。ただし、的外れなほめ言葉や、関係を構築できていない相手にほめ言葉を使うと効果は出ず、むしろ逆効果を招く。

第4章

権力と賢く付き合え

リーダーにとって「権力とどのように付き合うか」は、非常に重要な問題です。

リーダーが権力を誇示したり、威圧的な態度をとれば、その瞬間は成果を挙げることができるかもしれませんが、信頼は崩れ、長期的に見ればチームのパフォーマンスが低下します。


実は、心理学や脳科学のいくつかの研究は、権力を持った人が組織の利益にならないネガティブな行動をとってしまうことを明らかにしています。

「立場が人をつくる」とは、責任のある地位につくことで人が成長するという意味の言葉ですが、良いことばかりではなく、権力という強い武器を急に持ってしまっただけで、それを振りかざしてしまうのが、人間の本質なのかもしれません。


そうであるならば、そうならないために対処法を知って、メンバーからの信頼を失わないような行動をとれるように準備をしなければなりません。

本章では、権力を持ったときの人間心理を学び、リーダーのポジションにいる人が、チームの人間関係を良好に保ちながら成果をあげるために、権力とどう付き合うべきかお話ししていきます。

権力が人を変える

地位は人の倫理観をも変える

地位が人をつくることは、広く知られていることです。

このことを実証した、1971年に行われた、心理学者のジンバルドーたちによる「スタンフォード監獄実験」は有名な話です。

ジンバルドーたちは、大学の地下室を実験用の刑務所に改造して、非常に大がかりな実験を試みました。

新聞広告などを使って、心身ともに健康で善良なアメリカ市民を募集。彼らをランダムに囚人役と看守役に分けました。

囚人役は、胸と背中に囚人番号が記された囚人服を着用し、看守役には、制服や警棒、匿名性を高めるためのサングラスが渡されました。

権力の差を強く感じるような服を着用した彼らに、実験用の刑務所の中で、それぞれの役割を演じさせたのです。

その結果、初日こそ看守役は自分たちの役割に戸惑いを見せていたものの、数日で威圧的な振る舞いや精神的な虐待をするようになり、囚人役もまた囚人らしい言動を見せるようになっていったのです。

この実験によって、人間はいかに置かれた環境によって形づくられるのか、役割を付与されて強い権力を得た人間がいかに倫理観を崩壊させ、非人道的な悪魔のような存在に化していくのかを私たちは知ることになりました。

ジンバルドーの著書『ルシファー・エフェクト　ふつうの人が悪魔に変わるとき』（海と月社）や映画『ｅｓ（エス）』は、このスタンフォード監獄実験を題材にしているので、詳しく知りたい人にはおすすめです。

権力を持つほど自己利益に走りたくなる

組織心理学の研究が明らかにしていることは、地位やそれに伴う権力を手にした人の多

くが、

- 他人をコントロールする権力を失わないように努める
- 部下が利己的に動くのは嫌うが、自分自身は、地位を揺るがされるような事態に敏感で、自己利益に走る

という傾向にあることです。

部下は、職場での上司の様子を一部始終傍で見ているわけですから、部下たちに言うことと上司自身がやっていることが乖離していると認識してもいますし、思いやりに欠けたふるまいだとも感じています。

人が権力を持つと、もともとのパーソナリティに沿ってその権力を用いようとすると言われています。

権力への欲求が強い人は利己的に、反対に慈悲深い性格の人は自分の権力を利他的な対応に使うのです。

例えば、「パワー動機」が強い上司は、自分と同じようにパワー動機が強そうな部下を冷たくあしらう傾向にあります。

パワー動機とは、地位や能力の面で他の人よりも優れていたいとか、価値あるものを誰よりも先に自分が手にしたいと思う欲求のことです。

このような人は、部下のアイデアに耳を傾けてそれを真剣に受け止めることもなく、せっかく自ら課題に取り組もうとしている部下がいても、その彼／彼女を育てようともしません。[48]

あなたの上司は、どんなふるまいをしていますか。

上司が強いプレッシャーを受けているとき、どんな仕事ぶり、采配ぶりですか。部下に何と言いますか。

それが、あなたの上司の本性です。

このような上司という権力を持った人間の心理を踏まえたならば、正論が忌み嫌われることがありそうです。

自分は正しく、自分で何もかも把握してコントロールしたがる上司を説き伏せるだけの資料を持って、あなたが話をしに訪れたとしましょう。

そのとき、このパワー動機の強いタイプの上司は、あなたが自分のことをコントロールしたがっている（パワー動機の強い部下だ）と錯誤してしまうでしょう。

どんなに正論であっても、あるいは正論であるがゆえに、上司から煙たがられたりする可能性があることは知っておいて損はないでしょう。

権力の腐敗

権力の行使に夢中になってしまうリーダーの習性を脳科学で検証した研究があります。権力が自分の手中にあると感じているリーダーは、優秀なサブリーダーに対して、頻繁に指示を出し、難しい課題を与え、圧力をかけることで権力を行使し、成果に対する貢献度を低く評価することが明らかになっています。[49]

社会心理学者のデービッド・キプニスたちは、この現象に「権力の腐敗（power corrupt）」と名づけ、権力者たちが堕落していく姿だとしました。

人の行動は、脳の中にある以下の2つの神経システム（神経系）によって制御されていると考えられています。

▪「行動抑制システム（Behavioral Inhibition System:BIS）」には、悪いことを避けようとしたり、進行中の行動を抑制したりする働きがあります。

・「行動接近システム（Behavioral Approach System:BAS）」には、報酬や目標に向かって行動を促進させる働きがあります。

通常、2つの神経システムは均衡しているのですが、「権力の腐敗」が起きている際には、バランスが崩れているようです。

「権力の腐敗」が起こっているときには、「行動接近システム」が優位になるため、通常よりも報酬や目標に向かって行動すると考えられています。[50]

言うまでもなく、ここで言うリーダーの報酬や目標とは、権力を行使し続けることなのです。

「相手視点」より「自分視点」が強くなる

権力を手にすると、人はなぜこのように相手をコントロールしようとし、残虐な行為にまで及ぶようになるのでしょうか。

それは、相手の立場や感情を読むことが十分にできなくなるからです。

コロンビア大学ビジネススクールのガリンスキーらは、このことを示すためにユニークな実験を行っています。[51]

まず大学生を集めて、「パワー保持高群」と「パワー保持低群」の2つの条件を設定しました。

「パワー保持高群」の大学生には、「思い通りに他人を動かした経験」や「他人を評価したときの経験」を書き出してもらいました。

書き出すことで、自分自身が力を有している感覚を高めてもらったのです。

一方、「パワー保持低群」の大学生には、「他人の意思で行動させられた経験」や「他人から評価された経験」を書き出してもらいました。

彼らは、自分はさほど力を持っていないと連想させるための誘導でした。

ここまでで、条件設定は完了です。

この後、各条件に割り当てられた人たちは、自分の額にマジックペンで「E」の文字をできるだけ素早く書くように伝えられます。

実は、この実験で見たかったのは、「Eの文字の向き」でした。

「パワー保持低群」では、相手から見てEと読めるように書く傾向にありました。

ところが、［パワー保持高群］では、自分の視点でEの文字を書く傾向（相手から見ると逆に書かれた状態）が顕著に表れたのでした。

このことを受けて、ガリンスキー教授たちは、

「権力を手にした人は相手の立場でものを見て考えることが難しくなる」

と結論づけたのです。

上司たる者、地位に見合った風格や品格を備えていれば理想的なのですが、現実にはそうではないケースもあります。

しかも、この実験が示唆するように、本人はほとんど意識をせずに、不親切にもEの文字を逆に書いてしまっていることでしょう。

気づいてほしい人が、最も自分の悪行に気づかないままでいる様子を表しているように思える内容です。

そして、企業やスポーツチームにおける権力の腐敗が、特定の上司一人の問題で済むことはなく、組織全体のマネジメントに反映されるのが常であり、それは不祥事となっていくつも明るみに出ています。

正論が正論としてすんなりと通る倫理的な感覚は、人間のちょっとした利己的な心理、個人のレベルから綻び始めて崩れていくのかもしれません。

上方向への影響戦略

部下の影響戦略に「リーダーの評価」が表れている

リーダーが権力の腐敗にのみこまれないようにするためにできることはないのでしょうか。

組織心理学では、部下が上司に要求するときに用いる方法を、「(上方向への) 影響戦略」と呼んでいます。

部下の影響戦略を見ることで、上司は自分が部下からどのように見られているのか、内省することができるのです。

この影響戦略は、9種類に整理されています。[52]

1　合理性：事実にもとづく証拠や専門的な情報を示して、論理的に説明する。
2　情熱性：熱意を込めて、相手の価値観や理想に訴えかける。
3　相談性：意思決定や計画立案への参加、あるいは支援やアドバイスを求めたりする。
4　迎合性：上司の機嫌を伺い、意見に同調する。〝偽の民主主義〟的なふるまい。
5　交換性：承諾してくれたら次は必ず援助すると約束する。昔の恩を思い出させる。
6　個人性：要求する前に、個人的な関わりを持ち出して依頼する。
7　より上の権威性：より高い権威者の支持、ルールや慣習などを盾にして訴える。
8　主張性：従うべきルールを指摘し、繰り返し要求する。ときには脅しや圧力を含む。
9　結託性：同僚や自分の部下の支持を取り付けて訴える。

例えば、1は合理的な戦略で、2は情緒面をより重視した戦略です。

並び順の数字が小さいものはソフトな影響戦略、数字が大きいものほどハードな影響戦略です。

部下は上司と良好な人間関係を築けていると思えば、自分の要求を通そうとする際に、合理性や情熱性をもって上司に訴えかけるでしょう。

しかし、部下が7あるいは8や9のハードな影響戦略でもって、上司に要求をしてくるようであれば、上司―部下の関係はかなり危険な状態です。部下から信用されていないと認識すべき関係性と言えるでしょう。

戦略を選ぶ部下の心

どの戦略を使おうか――その決め手になる要因はいくつかあります。

一般的には、人は自分の言動によってどんな結果になるか、その効果を予測した上で一番効果があり、かつ自分が実行できる範囲内にある影響戦略を選びます。

とくに重要なのは、相手（上司）が誰か、どんなタイプの人か、でしょう。

独裁・専制的な上司とチームワーク重視の配慮的な上司を想像すれば、わかりやすいはずです。

独裁・専制的な上司から納得のいかない指示をされたら、ただ黙って従ってしまいがちです。

要求をする際も控えめに、上司のご機嫌を損ねないようにと、必要以上に神経が使われます。

一方、民主的な上司であれば、自分が納得いくように説明を求め、自分の仕事の状況もわかってもらおうとするでしょう。

前章でお話しした、社会的な資源交換関係（資源交換を頻繁かつ十分に行っていて、相互に信頼し合った関係性）にある上司に対する場合もこれと同様で、部下は合理的な説明をし、納期や協力体制の相談や代替の提案をするなどして解決を試みる傾向にあります。


他には、何があなたの言動の選択を左右しているでしょうか。

例えば、タスク（要求の内容）によっても、私たちは影響戦略を使い分けています。

仕事の改善案や商品企画や予算を思い通りに承認してもらおうとするときや、自分の希望するプロジェクトに志願しアピールするときなど、組織的な目標やそれにかかわる要求の場合には、客観的なデータを含めながら、ロジカルに説得しようと試みます（合理性の戦略）。

あるいは、同志を募り、その総意として直訴する可能性が高いのです（結託性の戦略）。

他方、育児やその他の家庭の事情で個人的な配慮をお願いしなければならないときにはどうでしょう。

和やかな雰囲気のときに、下手に出ながら話をもちかける傾向が強くなります（迎合性の戦略）。

おもしろいのは、多くの人は、仕事の場面においては合理性の戦略が最も効果的であると認識していますし、研究上でもその効果は認められています。[53]

そうであるにもかかわらず、仕事上のさまざまな要因を考慮して、正論だけで押し通すわけではないのです。

ときに相手を慮り、可能な限りことを荒立てずに解決しようとして影響戦略を調整しています。

逆に、性質がまったく異なる戦略がとられることもあります。

いわゆる、倍返しや謀反と呼ばれるのがそれです。

要求を通そうとする思いが高まるほど、いわゆるハードな戦略を選択するようになります。

不満に思うことが繰り返されたり、提案書や改善案に対して十分な説明がないまま、いつまでも聞き届けられなかったり、明らかに不当な扱いを受けたときなどです。

ここまでくると、部下にとっては、会社人生を賭けた闘いそのものです。

組織での発言力を高めるために必要なこと

組織に属する人には、3つのオプションがあると言ったのは、政治経済学者のハーシュマンです。

「離脱(組織のメンバーであることをやめること)」「発言(組織のメンバーとして声をあげて、組織を改善に向かわせること)」、そして「忠誠(組織への関わりの程度を強めること)」の3つです。

ハーシュマンによれば、強く忠誠心を抱く人ほど、離脱を決意するまでの間に工夫を凝らして発言を行使すると言います。

このような人は、離脱することを心ひそかに、でも確かな選択肢として携えながら発言するのです。

そのような覚悟を持った部下から(離職をちらつかせて)発言されたならば、〝ふつうは〟上司も組織も動揺し、何らかの対応をせざるを得なくなるはずです。

つまり、忠誠は、発言力を増すために必要な行動だというわけです。

このことは、部下の立場にある人が心すべき留意点も教えてくれます。

それは、どんなに良い議論を持ちかけたとしても、それが自分自身の売り込みや自分の立場を有利にしようとする利己的な動機だけをちらつかせるものなら、期待する成果は得られないということです。

ハーシュマンは、「発言は『利益の言明』として認識されることもある」と言います。

もし、組織や仲間を思う気持ちがなく、自己利益を守るための発言だと上司に認識された場合には、上司のあなたに対する心証は悪くなり、あなたが期待するような結果に至らなくなります。

発言・議論が意味を持って上司に聞き届けられるのは、自分のためであることに加えて、仲間や同じ境遇にある人（の苦しみの排除）のためにもなることが意識されているときなのです。

特に、パワー動機の強い上司の場合には、部下の利己的な動機に刺激されて、悪影響を生じさせやすくなるので要注意です。[54]

衰退している組織のマネジャーに共通する行動

上司にしても、忠誠心のある部下から意見されたら、ふつうはそれなりの認識と対応をすべきところです。

ところが、事態を適切に捉えられない上司は、組織が衰退に向かうようなことをするのです。

「黙殺（発言を無視する）」「惰性（ルーティン・ワークをあてがう）」、そして「排除（組織から追い出す）」――管理職者層は、組織の衰退に直面したときにこれら3つの行動パターンを示します。[55]

部下の想いを十分に理解せず、善処どころかこれら3つの行動をとっていることはないでしょうか。

上司は、部下がどのような戦略を用いているかを見聞きするだけで、その部下の特徴、例えば、組織や仕事に対する部下の認識や信念、目標を知ることができます。

また、自分のリーダーシップのスタイルが部下にどう見られているのかも推測できます。

このような内省する力は、組織が衰退に向かうことを食い止めるために必要な自助努力です。

優れたリーダーに求められることは、ふつうは認識できる感覚を持って、リスクを負って発言しなければならなかった部下たちの心情を推し量ることなのです。

重要ポイント

- 「立場が人をつくる」という言葉があるが、悪い意味でもその通りで、権力を持つほど、人は自己利益に走りやすくなり、相手の立場でものを見ることが難しくなる。
- 自己利益に走るほど、メンバーからの信頼を失うので、リーダーには「内省する力」(他人からどの程度信頼されているか認識する力)が求められる。
- リーダーは、自分に対するメンバーの影響力行使の仕方を目をそむけずに見ることで、内省する機会が得られる。
- メンバーがハードな方法で意見を主張するときほど、リーダーの信頼が低下しているので要注意だ。

第5章

「失った信用」を取り戻せ

ある企業で講演を終えた後、参加者から手が挙がり、

「すでに終わっている関係のときにはどうすればいいのでしょうか？」

と質問されました。

みなさんなら、どのように答えるでしょうか。

それ以来、私はこの質問の答えを求め、研究を続けています。本章ではこの答えを明らかにしていきます。

上司と部下の関係性について数多くの研究がなされてきましたが、関係が悪化した場合の対処法についての研究は、まだ道半ばの状態です。

多くの人が経験知を頼りに対処してきた（もしくは、対処できなかったかもしれない）問題でしょう。

インターネットで検索してみると、対処法として藁人形のサイトがヒットするくらいですから、なかなか手ごわい話です。

この質問者と同じ悩みを抱えている方々の立場を想定し、組織心理学の研究で明らかになっていることをお話ししていきたいと思います。

人間関係が崩壊した職場でいい仕事などできるわけがありません。

なぜなら、仕事は誰かのニーズがあってはじめて生まれ、それに応えようとして営まれるものだからです。

一定レベルの良好な人間関係が維持されていなければ、より良い成果を期待することはできません。

データによれば、関係性悪化・崩壊を経験することによって、自分の仕事遂行が低下／非常に低下したという部下は半数近くを占め、同じ部署の人の仕事に悪い／非常に悪い影響が及ぶという人は6割を超えます。[56]

そこで組織で働く人、特にリーダーの立場にある人が知っておかなければならないのは、関係性の悪化や崩壊を感じている人たちの心理です。

第3章や第4章で明らかにしてきた不満を抱いている人の心理とは様相が異なります。

怒りや憤慨の他に、失望や心の傷という人間のダークサイドの部分が加わるのです。

私は、人間のダークサイドを十分に認識することができれば、人間関係の質の底上げになるはずだと考えています。

信頼関係はあっという間に崩壊する

たった一度の利己的な行動

さて、現場の様子を少し共有するところから始めます。

信頼を失うのは「あっ」という間です。この「あっ」ということになる決定的な出来事が何であるのかは、人それぞれ思い浮かぶ場面があるでしょうが、はっきりとはその傾向は認識できていないかもしれません。

そこで、20代から60代の働く男女を対象に、インターネット調査を行いました。

回答者には、上司または部下を1人思い浮かべてもらい、「信頼関係がどのように変化したか」について、信頼の程度を点数で評価し、その推移を回答してもらいました。[57]

調査の結果わかったことは、信頼関係が低下したケースの半数以上が、「出会った頃の信頼関係をしばらく維持していたのに、ある日（の出来事）を境に急激に悪化した」という点数の変化だったのです。

さらに多くの場合、一緒に年間の仕事をひと通りやり終えて、お互いの人となりも分かってきた頃に、信頼関係が崩れる出来事が起きていました。

人づての批判はインパクトが大きい

この調査では、信頼関係崩壊の発端となった出来事の内容についても回答してもらいました。

信頼崩壊の発端の多くが、相手に対する極めて攻撃的で陰湿、辛辣な言動によることを示していました。

例えば、その一つは、「ある日、裏で批判めいたことを言っていたと人づてに聞いた」というものです。

それを耳にしてしまった日を境に、関係性が崩壊したという内容は、上司、部下を問わず挙がっています。

ちなみに、これは「ウィンザー効果」と言って、面と向かって批判されるよりも、第三者を通じて悪口を聞く方が、インパクトが強くなることがあるので要注意です。

なぜ、第三者の言葉の方を信じてしまうのか不思議な話です。

でも、私たちが常に相手との関係は大丈夫か、信頼に足る相手かなどと日々探っていることの反映だと考えれば、説明はつきそうです。

人の気持ちや関係性は移ろいやすく脆いということなのでしょう。

そして、第三者は、あたかも自分たちを客観的に判定してくれる存在で、その第三者からお墨付きをもらえれば安心し、そうでなければ、またさらに念入りな探索を始めようとするのでしょう（このような心理的な作用があるからこそ、ネット通販のレビュー機能が成り立っているのかもしれません）。

いずれにしても、私たちの言葉は、自分が思っているより良くも悪くも影響力があり、思いがけない危険を孕んだものでありそうです。

悪いことが起きると、相手の人間性を疑ってしまう

〝部下によるミスの隠蔽が発覚して、仕事が危機的な状態に陥った〟その日に、信頼関係

が崩壊したケースなどもあります。

このケースをよく見てみると、ミスだけではなく、それが隠蔽されていたという不誠実さ、その影響は組織レベルで深刻なものだった、という三重奏なのです。

つまりミスの隠蔽がなぜ破壊的なインパクトをもたらすかと言えば、一つは、信頼できそうだと期待を寄せていた矢先に「まさかこの部下が……」「こんなとんでもないミスをしでかして……」、しかも「隠蔽までして……」と、裏切られたショックや失望感、怒り、あるいは相手を信頼しようとしていた自分に対する後悔の念も含んで、いくつものネガティブな感情に襲われるからです。

そしてまた、これらのネガティブな感情が、「そういう人だったのか」と、その人の人柄や気質に確信を持って帰属するからです。

これが仮にたまたまのことで、この状況ならば仕方がないと情状酌量の余地を持たせることができるならば、関係崩壊は免れるかもしれません。

しかし、一般に、私たちは、その人が長年培ってきたもの（性格、価値観・道徳観など）はそう簡単に変えられないと考えます。

悪いコト、しかもそれが深刻なコトであった場合はとくに、その原因を相手の人柄に帰属させ、「もう、こんな人とは付き合えない！」と思ってしまいやすいのです。
安心して付き合える相手だとは思えないからです。

他方、信頼関係崩壊の発端が、上司の場合もあります。

「取引先との商談があるのに（上司は）有給をとって海外旅行に出かけた」
「上司が部下である自分の手柄を横取りして会社に報告した」
「仕事の責任をすべて部下に押し付けてくる言葉が発せられた」
「上司が会議録の改ざんを指示してきた」

などです。これらはいずれも、その日、その瞬間に致命的な不信感を部下にもたらしたケースです。

ある日明るみに出た非倫理的な言動や価値観、利己的なふるまい、上司の権力の腐敗に触れてしまったとき、信頼関係は地に堕ちてしまいます。

信頼関係が崩壊した上司と部下の心の声

上司と良好な関係性の中にいる部下に比べると、上司と疎遠な部下は悲惨です。先ほどの調査の中で、上司を信頼できなくなった部下の回答には次のような悲惨な声も上がっていました。

上司に対して、「人を仕事ができるかできないかで差別しないでほしい」「話していることを理解し、対処してほしい」など、せめて、〝普通の態度〟や〝良識〟を持ってふるまってほしいと願っているのです。

もっと怨念めいていたものもあります。

「(上司に望むものは)ない、辞職してほしい」「死んでほしい」など、激しい怒りとも深い悲嘆ともとれる胸の内が書き表されていました。

上司もまた、うまく関係性が築けない部下に対しては、かなり苦心しています。

十分に調査記入欄のスペースを用意しているにもかかわらず、そこには「書ききれない」、あるいは「言いたくない」とだけ書かれているのです。

そして、部下に望むことはという質問には、「普通に接してほしかっただけ」という回答が残されているのみです。上司も人間なのです。

仕事上だけの関係性だからと、理性を保って一時的にごまかしたとしても、心の内ではこのように激しく憤り、傷ついていることも知っておくべきでしょう。

ネガティブな感情が身体の不調につながる

さらに、身体はこのようなネガティブな感情に対して素直に反応します。

まず多く挙がる愁訴は、「気持ちがどうしても明るくならない」「新しいことを学ばなければならないのに、頭に入ってこない」といったように、意欲の低下、思考停止などです。

また、他の環境や仕事に何ら変化はないのに、上司との関係がまずくなったという変化が起きただけで、「頭が痛くなる」「吐き気がする」、そして「眠れない」などの身体症状が表れやすくなります。

ちなみに、睡眠負債（sleep debt）は、現代社会における大きな問題で、これによる経済損失は日本では年間約15兆円以上にのぼることが報告されているほどです。[58]

この問題は、職場の人間関係や、成人全体の働き方にかかわる問題であるとの指摘がなされています。経営者も含めて組織としての対応と解決が求められています。

せめて、人間関係からこの問題を軽減していけるようになってほしいものです。

また内閣府が２０１９年3月に、中高年層を対象にした「ひきこもり」についての調査結果を発表しました。

働き盛りでもある40歳から64歳の人で、自宅に半年以上閉じこもっているひきこもりは、全国で推計61・3万人という結果が報告されました。

この人数は、15歳から39歳のひきこもりの推計人数（54・1万人）を大きく上回っているという衝撃的なものであったことに加えて、そのひきこもりの期間は7年以上が半数を占めるという内容でした。

そして、ひきこもるようになったきっかけは、多い順に「退職した（36・2％）」「人間関係がうまくいかなかった（21・3％）」、「病気（21・3％）」「職場になじめなかった（19・1％）」「就職活動がうまくいかなかった（6・4％）」でした。13万人ほどが、人間関係によるひきこもりです。

職場になじめなかったというものを含めれば、25万人に届く勢いです。暮らし向きも3人に1人は、3段階で一番低い「下」と答え、4割の人は悩み事を誰にも相談しないという実態があぶり出されています。

信頼関係を修復するアクション1

謝罪する・赦す

職場では、上司と部下が仕事上の良きパートナーであることが、個人にとっても組織にとっても〝良い〟ことであるにもかかわらず、相手を傷つけ、搾取し、関係を断ち切ってしまうことがあります。


前章で紹介した「スタンフォード監獄実験」の責任者だった心理学者のジンバルドーは、

「善良な人間やごくふつうの人間が悪に手を染めるようになるまでには、段階がある」

と述べています。そして、

「まともな頭がありながら、まともではないことをすることが悪である」

と言います。


人間関係の中でこの〝悪〟と一度かかわってしまったら、もう元に戻ることはできないのでしょうか。

答えは――戻すことはできる、その方法さえ間違わなければ。そして、あなたに修復したいと思う気持ちがある限りは。

もっと正確には、関係性100点満点に（すぐに）は戻れないかもしれませんが、最悪の事態（0点やその近くの状態）は免れることができるということです。

調査に寄せられた声・データは、修復可能であることを後押ししてくれています。

その具体的な実践内容については、この後に紹介することにします。

特に、限られた人数の職場ほど、関係を修復する必要性が高くなります。

修復・再構築のための方法とその考え方のいくつかについて、説明を加えながら見てみたいと思います。

謝罪の影響力

コロンビア大学ビジネススクールのガリンスキー教授とペンシルベニア大学ウォートン校のシュバイツァー教授は、『競争と協調のレッスン』（TAC出版）の中で、サウスウエスト航空CEOのゲイリー・ケリーの事例を「怒りを収める謝罪」として取り上げています。

2005年12月8日、サウスウエスト航空1248便は、シカゴ・ミッドウェー国際空港で、着陸の際に事故を起こしました。

機体はオーバーランし、滑走路の先にある道路を走っていた車に衝突。6歳の男の子が死亡し、13人が負傷したのです。

これはサウスウエスト航空の35年の歴史上はじめての死亡事故で、正真正銘の裏切りでした。

数時間のうちに、サウスウエスト航空CEOのゲイリー・ケリーは会見を行いました。

「今日はここにいる全員にとって悲しみの日です。この悲劇をまえにして、嘆きと悲しみをどう表していいのか言葉が見つかりません。飛行機に衝突した車に乗っておられたお子さまが亡くなられたことは、痛恨のきわみです。サウスウエスト航空に関わる全員が坊やの死を悼み、ご家族のみなさまに心からの哀悼の意を表します。私どもは全社をあげて、事故に遭われたみなさまへの補償と、情報提供に全力を尽くす所存です」

さらに、ケリーは会社の首脳陣とともにすぐに事故現場のシカゴに飛び、そこで再び記者会見を行いました。

彼はけがをした人たちを気づかい、支援を誓いました。

そして、事故調査の結果を全面的に受け入れ、改善勧告には無条件で従うことを約束したのです。

この謝罪は、シカゴ・トリビューン紙から「素早く」「思いやりに満ちていた」と評価され、実際に、事故後のケリーの対応が会社に与えた影響は計りしれませんでした。

翌2006年、サウスウエスト航空の需要はほぼ8％上昇し、過去最高の収益をあげました。


ケリーの謝罪は、なぜ評価されたのでしょうか。

ガリンスキーとシュバイツァーは、「謝罪を成功させる要素」として次の6つのポイントを挙げています。

1　素早く謝罪する——ミスを犯したときには、スピードが何より肝心だ。
2　言い訳をしない——謝罪は率直でなければならない。
3　弱い立場を受け入れる——一度失った信頼を取り戻すときにも、自分を弱い立場にすることは重要な要素だ。

4　相手の立場に立つ——謝罪では相手の立場に立つことが肝心だ。

5　変化を約束する——今後どうするかを明確に示すことが大切だ。

6　贈り物で〝償い〟のシグナルを送る——贈り物は人間関係を修復する過程で大きな役割を果たし、お詫びの気持ちをわかりやすく伝えてくれる。

反対に、事故が起きた直後にこのような謝罪をすることができなかったばかりに、長期にわたって信用回復に苦しんだ企業もあります。[59]

日本では２０００年以降、製品事故、食品の産地偽装や賞味期限改ざんなど、組織の問題が続出し、謝罪についての研究が広がりました。

２０００年に、低脂肪乳商品などを原因とする雪印集団食中毒事件が起きました。食中毒の疑いで保健所が立ち入り調査を実施し、自主回収と社告の指導を行ったのですが、その判断を先延ばしにしたことで、さらなる混乱が生じたのです。その後、自主回収と記者発表を行ったのですが、結果として、食中毒被害の認定者数は１万５０００人近くにのぼったと言います。

致命傷となったのは記者会見です。記者から会見時間の延長を求められた際の社長の言葉は、猛烈なバッシングを受けることになりました――「そんなこと言ったってねぇ、私は寝ていないんだよ!」。

社長はすぐに謝ったのですが、雪印グループ会社全体への信頼はすっかり失墜してしまい、経営は悪化。食の安全が重要視される契機になった事件でした。

追い討ちをかけるように2002年には、BSE問題が表面化したことで発生した雪印牛肉偽装事件も重なって、グループは解体・再編となりました。その後の会社再建への道のりがどれほどのものだったかは、想像を絶します。

サルたちの世界

さて、ここで少し視点を変えて、動物の世界に目を向けます。

みなさんは、チンパンジーたちが、その生活の中でグルーミングと呼ばれる毛づくろいをする様子を、動物園などで目にしたことはあるでしょうか。

オランダの心理学者フランス・ドゥ・ヴァールによれば、このグルーミングという行為は、仲の良いチンパンジーどうしがくつろぎ、体をきれいにするためだけではなく、ケンカをしてしまった後、相手のご機嫌をとったり、仲直りの印として、あるいは絆を深めたりするために行われていることがあるのだそうです。

その中でもベニガオザルは、ケンカの収め方をよく心得ていて感心させられます。大人のサルは真っ赤な顔をしていて、血の気が多いのか、酔っぱらっているのかという風貌なのですが、そのサルたちは、諍《いさか》いが少ない平和な社会を築くことができている種なのだそうです。

ケンカが起きそうになると、毛づくろいをする以外にも、自分の腕を相手に差し出して甘噛みさせたり、まるでキスのようなスキンシップをとったりしているのです。

ＮＨＫの番組『ダーウィンが来た！』では、中心的なオスザルが突然いなくなったことによるポジション争いの様子が収められていました。[60]

滅多に起きない大ゲンカが勃発したとき、そこに平和を取り戻す大使のような役割を果たしたのは、真っ白な姿をした子ザルたちだったのです。

それまで様子を窺っていた子ザルたちが、勇敢にも絶妙なタイミングで大人たちのケンカの中に割って入りました。

そして、驚くほど素早く、大人たちが子ザルたちをあやし始めることで、このケンカは見事に収まったのです。

このサルたちの世界には、かかわり続けることと仲直りをすることの必要性と重要性が体現されています。

そして、子どもたちの思いを受け止めて互いの大人たちが応えるというその一部始終に、私たち人間が見倣うべき関係修復のあり方のすべてが集約されているように思えます。

悪いことをして、迷惑をかけたら謝る。

もしミスをしてしまったら二度と繰り返さないと誓って謝る。

幼い頃から教えられ、その後教えてもきたはずなのに、人は大人になり、地位を得るにつれて当の本人がいつの間にかできなくなるようです。

実は、感謝の言葉を伝えるにしても同様にできなくなるのです。

なぜなら、謝罪も感謝も、相手より自分の立場を低めることで成り立っている行為だからです。

「ごめんなさい」は、自分が悪かったと提示することで、相手に赦しを請うという構図を自ら用意する行為です。

「ありがとう」についても同様で、あなたのおかげで私が助かったと相手の立場を高め、相対的に自分を低める行為です。誰もが言われればほっこりと心が和やかになる言葉であるのに、出し惜しみするのは、とてももったいない話です。

先にも話題にしたように、相手よりも（立場上）上位にいると思っている人は、自分のパワーや面目を失わないようにしようと、そこに神経を集中させがちです。

そういう人にとって、わざわざ自ら立場を下げるようなことをするのは屈辱的です。

しかしながら、サウスウエスト航空のケリーの謝罪のように、自分の立場が弱くなることを受け入れ、相手の立場を一番に考えることが、相手との関係を修復するためには必要不可欠です。

裏切り者への対処法

そして、同時に難しいことは、相手を赦せるか、赦すべきかどうかという問題です。

これまでの社会心理学や進化心理学、経済学などでは、「繰り返しのある囚人のジレンマ」に関する研究が山のように積み上げられてきました。

「囚人のジレンマ」とは、2人のプレーヤー（囚人）が「協力」か「裏切り」の選択肢を持ち、お互いに協力すれば2人の利益の総和は最大になるものの、自分だけが生き延びようとして相手を裏切ると、個人としてはわずかに得をする状況を指します。

さらに、「繰り返しのある囚人のジレンマ」とは、囚人のジレンマが何度も繰り返され、2人のプレーヤーが「協力」か「裏切り」かを選び続ける状況です。

これらの研究で得られた結果は、裏切られた側が、裏切った者を赦すことが重要だということでした。

はじめは協力し、やられたらやり返す。でも、相手が協力してきたらすぐに自分も協力する。この「応報戦略（相手がとった行動と同じ行動で返す）」と呼ばれるやりとりが、長期的に見ると得だという結果が出ています。[61]

協調しなければしっぺ返しを受けて、結局はお互いに消耗し合ってしまうのです。

つまり、協力関係を絶って自分だけが生き延びようとすることは〝最善〟の戦略ではないのです。

このやりとりの過程を見ると、やり返すこともアリだということ、でも、その潔い引き際がもっと重要なポイントであるように思えます。

正論であれば議論を持ちかけるのはアリだとしても、相手の反応や改心の具合に関係なくいつまでもそれを押し通し続けると、かえって関係をこじらせかねないのです。

あるいは、もしもあなたが相手に協力せず、裏切りを働いたことでその相手から報復を受けたとき、あなたはどうしますか。

同様の研究領域で明らかにされていることによれば、この場合には、あなたは相手の報復を受け入れるべきなのです。

そうすれば、あなたが自分の裏切り行為を悔いていることを相手に示すことができて、協力関係は正常化していくのです。

これらの研究結果が伝えていることは、たとえ、相手が裏切っても協力しなかったとしても、悔い改めた様子が見て取れたならば相手を赦す。

自分自身が過ちを犯したならば、気づいたところで悔い改め、それを表明することが必要だということです。

ローマ帝国の政治家・哲学者であるセネカも、これに通じることを残しています。


許しが困難な時には、皆が無慈悲であることがわれわれのためになるのかどうか考えよう。……（中略）……誰かが怒るだろう。あなたのほうからは親切で挑みたまえ。相手から反目が見捨てられ、即座に堕ちる。相手がいなければ戦いは起きない。だが、双方の側から怒りが競い合うと、衝突が起きる。先に踵を返したものがまさる。勝った者は敗れたのだ。相手があなたを殴る。退きたまえ。打ち返せば、さらに何度も殴るための機会と言い訳を与えることになる。望んでも身を引けなくなるだろう。

『怒りについて他二篇』（岩波書店）

積極的に退くという意志に従っているのであれば、それは寛容さや赦しにつながり、〝悪〟の流れの犠牲者にならずに済むということです。

さらには、調査データもそれを裏づけています。〝悪〟が宿ってしまったときこそ、「1日1回の会話」や「あいさつ」を「自ら行って」関係修復に成功したという話が寄せられています。

しかも、それらを相手の反応にかかわりなく行ったというところが、もしかしたら重要なポイントかもしれません。

加えて言うならば、ひどく傷つけ、傷つけられることになる前に、自分が仕事上で役に立つ存在だと、相手が認めるような関係を築いておくこともまた重要なことでしょう。

このような関係性に価値があるのは、加害者においても被害者においても寛容な気持ちを高めさせ[62]、加害者の謝罪を促すからです[63]。

それにしても、やられた側なのに相手を赦せるか、素直になって相手にすぐに謝罪できるか、言葉を交わそうと近づいていけるか。

まるで人間が試されているかのような話ですが、そうすることが事態を収める方法の一つであることも確かなのです。

謝罪すれば自分自身のストレスも軽減できる

さらに、謝罪をすることは、相手のためでもありますが、自分のためでもあります。

カナダにあるニューファンドランドメモリアル大学のバーンたちは、フルタイムで働く部下、そして部下を3人以上持つ上司を対象に調査を行いました[64]。

この調査では、上司が、上司自身の私利私欲や出世にこだわって、あるいは上司自身の知識や対人スキルの不足のせいで部下を傷つけたとき、上司が謝罪をしたらどんな効果があるのかが明らかにされました。

この調査によると、上司が部下にしっかりと謝るほど、部下もそして上司自身も心理的安寧を得ることができていたのです。

しかも、深刻な出来事だったときほど、その効果は大きかったのです。

そして、上司においては、自分の知識やスキル不足のせいだと認めて謝罪し、今後どうするかを伝えたときほど、上司自身に心理的安寧がもたらされていました。

私たちは、自分の面子にこだわりすぎて、本当に大切なものや言葉を見失わないようにしなければなりません。

信頼関係を修復するアクション2

相談を持ちかける

上司から相談される部下ほど、同僚を助ける

一度ギクシャクした関係を軌道修正するには、精神的に多大な労力が必要になります。

このままではいけないと思ってはいても、上司にも部下にも変なプライドや意地があって、なかなか現状を打破できないままでいることも少なくないはずです。

それでも、上司が何とかできないかと思い立ったとき、効果が期待できる対応が何かないものでしょうか。

その答えは、部下に仕事上の相談を持ちかけることです。

これは、上司が部下からのサポートに重要な意味があると認識しており、部下の建設的

な意見を意思決定内容にも反映させていくことをほのめかした戦略です。

アメリカのリーダーシップ研究者スパローたちの分析結果によると、たとえその上司との関係性が悪くても、上司から相談を受けている頻度が高い部下ほど、職場の仲間たちを頻繁に手助けしていたのです。それが、自分の担当とは直接関係のない仕事であってもです。[65]

上司からの相談が、疎遠な部下の協力行動を生むのはどういうことなのでしょうか。

相談は、とても謙虚で戦略的な行動なので、

「相談しようと思える部下なら、はじめからこんな関係にはなっていない」

と、プライドの高い上司は気が進まないかもしれません。

ですが、相談には、部下自身を自然な形で仕事にコミットさせ、建設的な意見を引き出す機能があります。

加えて、上司からの相談は、職場における当該部下の再評価であり、上司に一目置かれた立場であることを周知させることもできます。

人は誰かに頼られて悪い気はしないものです。

ましてや、評価者である上司に頼られ、自分の意見が意思決定に反映されるとなったならばなおのことでしょう。

メンバーの一人として尽力してもらうことが、その部下にとっても職場にとっても大切であるならば、部下の強みを探し、自尊心をくすぐってやることもリーダーに期待された役割の一つです。

人の悪いところや足りない部分を積極的に探したところで、リーダー自身の前向きな采配や創造的な仕事につながるわけではありません。

もやもや、もやもや……と悩みつつ、時には一歩引いてみることができるかどうかも、どうやらリーダーとしての力量が試される部分のようです。

上司が絶対に見せてはいけない言動

さて、関係性の悪い部下に対して、上司がとってはいけない戦略も見つかっています。

「この仕事には社運がかかっているんだ。君が力を注ぐだけの価値ある仕事だよ」

と語ることや、

「君が私の頼んだ仕事をしっかりやってくれたら、そのときには考えてみるよ」

と交換条件をつけることです。

これらはどちらも、部下に「上司の不誠実さ」を感じさせてしまう言動です。

部下は上司が思っている以上に上司のことを冷静に見ています。

ですから、これらのやり方で対応したならば、仲間どうしの協力行動に影響し、職場はますますギクシャクしてしまいます。

「偏った見方をしていないか？」ゲシュタルト心理学の教え

上司も部下も、それぞれのマインドの持ち方を意識することは重要です。

心の持ち方一つで、周りの景色は違って見えてきます。

京セラの創業者である稲盛和夫氏は、『生き方：人間として一番大切なこと』（サンマーク出版）の中で、「人生・仕事の結果＝考え方×熱意×能力」という人生方程式を表しています。

この「考え方」の部分については、「心のあり方次第で現実の世界に極楽も地獄も出現する」と説いています。

またこれに関連して、私が心理学を学び始めた頃に授業で聴いて、それ以降、事あるごとに思い出すのは、ゲシュタルト心理学の創始者の一人、クルト・コフカの旅人の話です。

冬のある日の夕暮れ時、強く吹き付ける吹雪の中を馬に乗った1人の男が宿にたどり着いた。彼は何時間もの間、一面の雪のために道も陸標も覆われた風の吹き荒ぶ平原をやってきて、こうしてこの避難所にたどり着けたのは幸運であった。ドアの所へ出てきた主人は驚きの眼差しでこのよそものを眺め、そして彼にどこからやってきたのかを尋ねたのである。男は宿とは全く反対の方を指差したが、すると主人は畏怖と驚異の声で言った。「コンスタンス湖の上をやってきたことを知っているのですか。」それを聞いて、男はばったりと倒れ宿屋の主人の足下で息絶えた。

『ゲシュタルト心理学の原理』（福村出版）

私たちは、客観的・物理的環境のもとで行動しているのではなく、自分が認知した主観的・心理的な環境のもとで行動していることを教えてくれている物語です。

この旅人にとって、コンスタンス湖は〝平原〟だったのです。

はじめから湖だとわかっていたなら、そもそもこのルートを通ってはいなかったでしょうし、たどり着いた先もこの宿ではなかったかもしれません。

このゲシュタルト心理学では、いろいろな要素や部分が統合されて全体が成り立っており、全体は単なる部分の集合ではないと考えます。

例えば、七色の虹は、それぞれの色を見ているだけではその色を認識するだけですが、七色全体を見たときに虹と認識できます。

人間の認識や心理現象は、パーツに分解して個別に捉えられるものではないので、一体のものとして全体を捉えなければ意味がないということです。

初任給20万円。人生で一番大事なものはお金だと思っている人は、この20万円では不満かもしれません。

でも、人生で一番大事なものは愛情だと考えている人であれば、これで満足かもしれません。

このように、心全体のあり方によって同じパーツ（20万円）でも重みが違ってくるのです。

ゲシュタルト心理学を踏まえると、職場で上司や部下の悪いところばかりが目につく、他人の悪い側面ばかりが気になってしまってストレスになっているというのは、一部だけにとらわれた偏った見方をしやすい心理状態に陥っている可能性があるのです。

信頼ゲーム「いくらお金を預けられるか？」

私たちはいろいろな思考様式を用いて物事を捉え、行動を選択しています。その思考のタイプによって、相手に対する信頼行動（お金をいくら預けるか）にも違いが出るという研究結果が発表されました。

このことを実証したのは、イタリアの心理学者セラーロたちです。[66]

この実験ではまず、20歳前後の男女40人が、２つの課題を割り当てられました。一つは発散的思考の課題、もう一つは収束的思考の課題でした。

- 発散的思考の課題：ペンやボトルのような日用品の使い道についてできるだけたくさんアイデアを出すという課題に取り組みました。
- 収束的思考の課題："night／夜" "wrist／手首" "stop／停止" のような３つの単語から、これらに関連するものを１つ答えとして導き出すという課題を行いました（ここでの答えは、"watch／腕時計"）。

各思考課題に10分間取り組んだ後、今度は信頼ゲームに取り組みます。彼／彼女たちは5セントを実験者から渡され、そのお金を相手にいくら預けるかを決めるように言われました。

預託すれば3倍に増やすことができるというルールです。

そして、相手がそのお金のいくらかを返報してくれれば、その金額が自分の取り分になります。

このとき相手が信頼に応えるならば、半分（以上）をお返しすると予想されます。そうなれば、お互いにめでたく当初よりも所持金が増えます。

ただし、相手がまったくお金を返さないこともありうるわけで、そういう対応をされた場合には、残念ながら預託損ということになります。

このような信頼ゲームを行ったところ、発散的思考を行うと、収束的思考を行ったときよりも相手を信頼してより多くのお金を預けることがわかりました。

この結果については、発散的思考が、より内包的で統合的に情報を処理する性質を持っており、自分と他者の関連づけが促されることによると考えられています。

相手や職場をどう感じどう捉えるか、そして俯瞰することができるかどうかは能力です。

その能力いかんによって、協力的な行動をとるか破壊的な行動をとるかが規定される可能性があります。

これは生まれ持った才能ではなく能力ですから、育てることができます。

ブレーンストーミングなどの発散的な思考法を時折取り入れることは、他者とのつながりや協力行動を促進させることになりそうです。

今あなたの目の前の仕事は個人で完結できる内容かもしれません。

その場合も、組織や社会とつながっていることを意識できる方が、人や情報を引き寄せることができ、自分の仕事にやりがいや誇りが持てるようになるのです。


上司と部下のような階層的な権力関係にある者同士が、険悪な状態になって傷ついた心身を癒やそうとするとき、距離を置くことも有効な方法でしょう。

でも、これは、もしかしたら根本的な解決には至らないかもしれません。

一番効き目のある薬、控えめに言っても必要となる薬というのは、実は、その傷を負うことになった相手とのかかわりの中にしかないからです。

「相手の立場になって百歩譲っても、人として許せない」「人生を壊した、最悪の人間……それでも許せというのですか」という声も受け止めた上で、そう思います。

ここに挙げた対処法などを実践してみようと踏み出すまでにも、一定の時間が必要でしょう。

しかし、少なくとも今の不運をその人のせいにしなくて済む状態まで自分を宥《なだ》める作業は、自分にしかできないことです。そして、私たちは、それを手伝ってくれる心強いサポーターを味方につけて少しずつ進むことができるのです。

そうやって踏み出し、しっかりとそのコトと人に向き合ったなら、そこからは時間が解決してくれるはずです。時間はあなたのために動き始めることでしょう。

時間があなたに味方して、あなたの傷を癒やすことに大いに力を貸してくれるはずです。

重要ポイント

- リーダーとメンバーの信頼関係は、互いにたった一度の利己的な行動で、あっという間に崩壊してしまう。
- 失った信頼関係を修復しなければならないとき、実行すべきアクションは2つある。
- 一つは謝ること（もしくは過ちを認めている人を赦すこと）。
- もう一つは、相談を持ちかけること。特に職場では、上司から部下に相談を持ちかけることで、部下の職場全体への協力的な行動を促すことができる。

おわりに　関係性を重視するリーダーシップ

組織心理学への入口は教育の現場

私は、心理学に出会えて本当によかったと思っています。もし出会えていなかったら、今以上にいけ好かない存在だったかもしれません。

なぜ、私が心理学に時間を費やしてきたのか、どんなことを思いながら筆を執ったのか、少し話をさせてください。

実は、大学に入るまで、私は心理学という分野があることを知りませんでした。人や組織を分析するなど思ってもみないことでした。ですが、今にして思えば、小学校の先生になりたくて教育学部に入らなければ、私が心理学に出会うことはなかったと思います。

きっかけは、「教育」の現場でした。

私にとっての教育実習は、小学校の先生になるという夢に近づく第一歩でしたから、「先生の卵」として教育現場を経験できることが楽しみでした。

最初の実習では、1クラスに7〜8人ほどの実習生が入り、授業を見学したり、子どもたちと一緒に給食をとったり、子どもたちの好きなキャラクターの話をしたりしながら過ごしました。

教員になりたい実習生たちは、みな、子どもたちとうまくかかわりたいと願っています。私は小学3年生（だったと思います）の担当でした。実習初日の中休みに事は起こりました。子どもたちが教育実習生それぞれのところに集まってくるという期待は打ち砕かれて、見事な一極集中が起こったのです。

子どもたちは素直すぎて、ときに残酷です。ある子どもが、がっちりとした体型の男性の実習生の腕にぶらさがって「高くあげて！」とはしゃぐと、周りの子どもたちもその実習生に集まっていきました。

他の実習生たちはそれ以降、彼が子どもたちと良い関係を築く様子を見守るしかできなくなってしまいました。

この出来事は、私にとっては印象的というレベルをはるかに超えていました。初日にしてすべての実習期間を飲み込んだ出来事でした。ですが、大きな宿題と大きなプレゼントをもらいました。

子どもたちを持ち上げるほどの力がない私はどうすればいいのか。この宿題について、その後、私は真剣に考えるようになりました。そのときに出会ったのが、心理学（発達社会心理学という講義名）の授業でした。

子どもの気持ちや求めているものを理解できれば、もしかしたら子どもを腕にぶら下げることと同じくらい、別のうまい対応ができるようになるかもしれない、と。

本当にそんなことが見つかる分野なのかどうか半信半疑でしたが、自分の直感だけを頼りに授業後すぐにその先生の研究室のドアを叩きました。

人と人のつながり方は歴史をも動かしている

教育実習の体験が引き金になって学び始めた心理学でしたが、さらに遡れば、他にも素地はあったように思います。

それは、ドイツという「国」であり、鎌倉時代という「歴史」でした。

私が通っていた小学校では、長崎や広島に近いこともあってか、平和教育がかなり熱心に行われていました。少なくとも、子ども心に強烈な印象を残すものでした。

どうして世界中が戦争に向かっていくことになったのか……。無名の一青年だったヒトラーが、演説でドイツ国民を熱狂させ、残虐な施策と戦争を扇動できたことが、不思議でしかありませんでした。これがリーダーのパワーだとしたら、組織の中でリーダーの影響を受ける私たちの心がどう動くのか、そのメカニズムを知りたいと思いました。

また、歴史好きだった私にとって、鎌倉時代は他の時代と違った時代に見えていました。小学6年生の夏休みは、すべての日にちをかけて日本史年表の絵巻物を作り上げました。なかなかの力作で、バウムクーヘンのように膨らんだのを覚えています。

その絵巻物に刻んでいった出来事や時代の流れを眺めて、私の一番のお気に入りだったのが鎌倉時代でした。

それまで貴族のものだった文化が、武士や庶民に広がっていくことになった、一つの変革的な時代です。開かれた時代・社会に向かう勢いを感じます。そして、将軍と御家人の関係性は、御恩と奉公という双務契約的な主従関係です。

搾取やトップダウンではなく、リーダーとフォロワーの両者がそれぞれの役割を努めようとする関係性がシステム化された時代に見えていました。

今、私が大事にしている「関係性のリーダーシップ」は、これに近いものです。

組織と人の成長に向けて

その後、バブルが崩壊しました。その頃私は大学院の活動と並行して、リーダーシップを専門とする研究所で数年間の修業をしていました。

時代の流れに疎い私でも、リーダーシップの調査・研修の受注件数が年々減り、その規模も縮小していることはわかりました。不景気になると、企業は人材育成から予算を削減するんだと肌で感じた貴重な経験でした。

間もなくして、企業の人材育成や関係構築がより深刻な問題になりました。

このような社会状況の中でも、リーダーシップ開発に力を入れ続けた企業や、新規で依頼を受けた企業（その後、急成長しました）がありました。そうした企業の管理職研修で講師を務める先生に頼み込んでは、私はかばん持ちという名目でくっついていき、企業の方々と一緒に研修を受講していました。

その先生は、時事問題を使いながら大変ウィットに富んだ語りで、あっという間に管理職の方々を引き込んでいくのです。

残念ながら、何度聴いても私には真似ができない話し方でした。ですから、その先生の代役で講演の機会をいただいたときには、違うスタイルで自分にできることをやろうと決意しました。

データをベースに、そこから聞こえてくる現場の人たちの声を乗せて話をするスタイルです。その後も、このスタイルは基本的に変えていません。この本も同じスタイルで、客観的なデータやエビデンスを用いながら、現実の組織の人間模様を描きたいと思い、執筆しました。

人とのかかわり・つながりは、歴史をつくっていきます。教育の現場でも、国家でも、大企業でも中小・零細企業でも、スポーツチームでもすべて同じです。

どんな組織も人で成り立ち、人は人との間で磨かれ、心が通じ合ったときに予想以上に素晴らしい仕事ができます。一度その喜びを知ったなら、誰もが人とつながった仕事や営みの虜になるでしょう。

組織に属する人それぞれの言い分がありながらも、一つ屋根の下で同じ目標を目指す。時間や空間を越えても繰り返されているこのことには意味があるはずです。

そこにある言葉や出来事に、人間らしさや人がつながって活動することの本質が投影されているとしたら、人間関係という面倒なことに対峙することで見えてくるおもしろさもたくさんありそうです。

組織におけるより良い人間関係の構築は、自分も他者もありのままに見て理解することからです。真剣に取り組む仕事や課題を通じて、とびきり楽しく刺激的な経験を積み重ねていきたいものです。身近な仲間とともに、また、これから出会う人たちとともに。

出版にあたっては貴重な機会をいただき、ダイヤモンド社編集部の皆さまや関係者の皆さまに大変なご尽力を賜りました。

また、執筆にあたりご指導を賜った立教大学名誉教授正田亘先生、叱咤激励くださった諸先生方、調査研究にご協力くださった皆さま、分野を越えてかかわってくださっているすべての方に、心から感謝申し上げます。

山浦　一保

参考文献

はじめに

1 Swaab, R. I., Schaerer, M., Anicich, E. M., Ronay, R., & Galinsky, A. D. (2014). The too-much-talent effect: Team interdependence determines when more talent is too much or not enough. *Psychological Science*. 25 (8), 1581-1591.

2 Izuma, K., Saito, D. N., & Sadato, N. (2004). Processing of social and monetary rewards in the human striatum. *Neuron*, 58 (2), 284-294.

3 金井篤子（編）『産業・組織心理学を学ぶ：心理職のためのエッセンシャルズ 産業・組織心理学講座 第1巻』北大路書房. 以下も参照。岡本一成（1994).『産業・組織心理学入門 第2版』福村出版. 以下も参照。渡辺直登. (2012). 産業・組織心理学. 日本労働研究雑誌, 621, 44-49.

第1章

4 Kahneman, D. (2011). *Thinking, Fast and Slow*. London: Penguin Books.(村井章子訳『ファスト & スロー』〔下〕,ハヤカワNF文庫,2014 年.

5 DeSteno, D., Valdesolo, P., & Bartlett, M. Y. (2006). Jealousy and the threatened self: Getting to the heart of the green-eyed monster. *Journal of Personality and Social Psychology*, 91 (4), 626–641.

6 アリストテレス, 戸塚七郎訳, (1992).『弁論術』岩波書店, 216-217

7 Takahashi, H., Kato, M., Matsuura, M., Mobbs, D., Suhara, T., & Okubo, Y. (2009). When your gain is my pain and your pain is my gain: neural correlates of envy and schadenfreude. *Science*, 323,937-939

8 Lange, J., & Crusius, J. (2015). Dispositional envy revisited: Unraveling the motivational dynamics of benign and malicious envy. *Personality and Social Psychology Bulletin*, 41 (2), 284-294.

9 澤田匡人, & 藤井勉. (2016). 妬みやすい人はパフォーマンスが高いのか?——良性妬みに着目して—— 心理学研究, 87 (2), 198-204.

10 Lee, K., & Duffy, M. K. (2019). A functional model of workplace envy and job performance: When do employees capitalize on envy by learning from envied targets? *Academy of Management Journal*, 62 (4), 1085-1110.

11 Gasper, K., & Clore, G. L. (2002). Attending to the big picture: Mood and global versus local processing of visual information. *Psychological science, 13* (1), 34-40.

12 Liu, Y., Zhu, J. N., & Lam, L. W. (2020). Obligations and feeling envied: a study of workplace status and knowledge hiding. *Journal of Managerial Psychology*, 35 (5), 347-359.
13 van de Ven, N., Zeelenberg, M., & Pieters, R. (2010). Warding off the evil eye: When the fear of being envied increases prosocial behavior. *Psychological Science*, 21 (11), 1671–1677.

第 2 章

14 山浦一保・堀下智子・金山正樹 (2013). 部下に対する上司のポジティブ・フィードバックが機能しないとき. 心理学研究, 83 (6), 517-525
15 Liden, R. C., Wayne, S. J., & Stilwell, D. (1993). A longitudinal study on the early development of leader-member exchanges. *Journal of Applied Psychology*, 78 (4), 662-674.
16 Nahrgang, J. D., Morgeson, F. P., & Ilies, R. (2009). The development of leader–member exchanges: Exploring how personality and performance influence leader and member relationships over time. *Organizational Behavior and Human Decision Processes*, 108 (2), 256-266.
17 Vaillant, 2012; Waldinger, 2016; "The Atlantic" What Makes Us Happy, Revisited
18 Graen, G. B., Novak, M. A., & Sommerkamp, P. (1982). The effects of leader–member exchange and job design on productivity and satisfaction: Testing a dual attachment model. *Organizational Behavior & Human Performance*, 30 (1), 109–131.
19 厚生労働省 (2010). 自殺・うつ対策の経済的便益(自殺やうつによる社会的損失). https://www.mhlw.go.jp/stf/houdou/2r9852000000qvsy.html (accessed August 04, 2020).
20 Yamaura, K., Sato, T., & Kono, T. (2016). What does the Inamori Management Philosophy bring?. Ritsumeikan Inamori Philosophy Research Center The 2nd International Symposium. Japan: Osaki (OIC).
JAL社員の声については以下を参照。JAL再生の哲学——教育プラットフォーム研究JAL現場インタビュー記録～8つの現場24人の社員インタビュー～. 立命館大学OIC総合研究機構稲盛経営哲学研究センター 客員教授金井文宏 客員助教谷口悦子
21 山浦一保 (2012). 第10章リーダーシップを発揮する. 安藤香織 (編著). 杉浦淳吉 (編著). 『暮らしの中の社会心理学』p 123.
22 トム・ピーターズ & ロバート・ウォーターマン, 大前研一訳 (2003)『エクセレント・カンパニー』, 英治出版 p. 50.
23 山浦一保・古川久敬 (2008). 医療の質向上に関する看護師の理解と実行の乖離現象とその抑制に関する研究. 実験社会心理学研究, 48 (1), 63-73.

24 Mesmer-Magnus, J. R., & DeChurch, L. A. (2009). Information sharing and team performance: A meta-analysis. *Journal of Applied Psychology*, 94 (2), 535-546.
25 山浦一保 (2017). 第4章　交換関係としてのリーダーシップ. 坂田桐子 (編).『社会心理学におけるリーダーシップ研究のパースペクティブII』ナカニシヤ出版, pp.83-108.
26 Harris, K. J., & Kacmar, K. M. (2006). Too much of a good thing: The curvilinear effect of leader-member exchange on stress. *Journal of Social Psychology*, 146 (1), 65-84.
27『ショーペンハウアー全集』14, 第三九六節, p. 306
28 Sui, Y., Wang, H., Kirkman, B. L., & Li, N. (2016). Understanding the curvilinear relationships between LMX differentiation and team coordination and performance. *Personnel Psychology*, 69 (3), 559-597.
29 Yamaura, K. (2021). Interactions outside organizations revive low leader-member exchange members work behaviors. The 32nd International Congress of Psychology.
30 Delanoeije, J., & Verbruggen, M. (2020). Between-person and within-person effects of telework: a quasi-field experiment. *European Journal of Work and Organizational Psychology*, 29 (6), 795-808.
31 株式会社原子力安全システム研究所(編)・三隅(監修) (2001).『リーダーシップと安全の科学』ナカニシヤ出版.
32 三隅二不二 (1984).『リーダーシップ行動の科学』有斐閣.

第3章

33 Thomas, K. W., & Schmidt, W. H. (1976). A survey of managerial interests with respect to conflict. *Academy of Management Journal*, 19 (2), 315-318.
34 山浦一保・黒川正流・関 文恭 (2000b). 看護婦の不満対処方略、勤続年数および不調のリーダーシップとの関係. 九州大学医療技術短期大学部紀要, 27, 69-76. 以下も参照。山浦一保 (2012). 第5章 リーダーシップの特性とリーダーシップの発揮の仕方. 岡本一成 (監修). 藤田主一 (編集).『ゼロから学ぶ経営心理学』pp. 56-71.
35 Rosen, S., & Tesser, A. (1970). On reluctance to communicate undesirable information: The MUM effect. *Sociometry*, 253-263.
36 大坪庸介・島田康弘・森永今日子・三沢 良 (2003). 医療機関における地位格差とコミュニケーションの問題ー質問紙調査による検討ー. 実験社会心理学研究, 43 (1), 85-91.
37 山浦一保・黒川正流・関 文恭 (2000). 病院における部下の不満対処方略が上司行動に及ぼす影響. 九州大学医療技術短期大学部紀要, 27, 77-82.
38 Dunn, E. W., Aknin, L. B., & Norton, M. I. (2014). Prosocial spending and happiness: Using money to benefit others pays off. *Current Directions in*

Psychological Science, 23 (1), 41-47.
39 山浦一保・浦 光博 (2006). 不満生起事態における部下の議論統合的対処の促進要因に関する検討. 社会心理学研究, 21 (3), 201-212.
40 Ul-Hassan, F. S., Ikramullah, M., Khan, H., & Shah, H. A. (2021). Linking role clarity and organizational commitment of social workers through job involvement and job satisfaction: A test of serial multiple mediation model. *Human Service Organizations: Management, Leadership & Governance.* Published online: 23 Mar 2021.
41 Liang, J., Farh, C. I., & Farh, J. L. (2012). Psychological antecedents of promotive and prohibitive voice: A two-wave examination. *Academy of Management Journal*, 55 (1), 71-92.
42 Frazier, M. L., Fainshmidt, S., Klinger, R. L., Pezeshkan, A., & Vracheva, V. (2017). Psychological safety: A meta-analytic review and extension. *Personnel Psychology*, 70 (1), 113-165.
43 Carmeli, A., & Gittell, J. H. (2009). High-quality relationships, psychological safety, and learning from failures in work organizations. *Journal of Organizational Behavior*, 30 (6), 709–729.
44 山浦一保・ 浦 光博. (2006). 不満生起事態における部下の議論統合的対処の促進要因に関する検討. 社会心理学研究, 21 (3), 201-212.
45 Fong, C. J., Patall, E. A., Vasquez, A. C., & Stautberg, S. (2019). A meta-analysis of negative feedback on intrinsic motivation. *Educational Psychology Review*, 31, 121-162.
46 Izuma, K., Saito, D. N., & Sadato, N. (2004). Processing of social and monetary rewards in the human striatum. *Neuron*, 58(2), 284-294.
47 Mueller, C. M., & Dweck, C. S. (1998). Praise for intelligence can undermine children's motivation and performance. *Journal of Personality and Social Psychology*, 75, 33-52.

第 4 章

48 Urbach, T., & Fay, D. (2018). When proactivity produces a power struggle: how supervisors' power motivation affects their support for employees' promotive voice. *European Journal of Work and Organizational Psychology*, 27 (2), 280-295.
49 Kipnis, D. (1972). Does power corrupt? *Journal of Personality and Social Psychology*, 24　(1), 33. 以下も参照。渕上克義. (1988). 勢力保持者の勢力維持傾向と知覚された類似性の関係. 心理学研究, 58 (6), 392-396.
50 Hirsh, J. B., Galinsky, A. D., & Zhong, C. B. (2011). Drunk, powerful, and in

the dark: How general processes of disinhibition produce both prosocial and antisocial behavior. *Perspectives on Psychological Science*, 6 (5), 415-427.

51 Galinsky, A. D., Magee, J. C., Inesi, M. E., & Gruenfeld, D. H. (2006). Power and perspectives not taken. *Psychological Science*, 17 (12), 1068-1074.

52 Yukl, G., & Tracey, J. B. (1992). Consequences of influence tactics used with subordinates, peers, and the boss. *Journal of Applied Psychology*, 77 (4), 525.

53 山浦一保・黒川正流・関 文恭 (2000a). 病院における部下の不満対処方略が上司行動に及ぼす影響. 九州大学医療技術短期大学部紀要, 27, 77-82.

54 Urbach, T., & Fay, D. (2018). When proactivity produces a power struggle: how supervisors' power motivation affects their support for employees' promotive voice. *European Journal of Work and Organizational Psychology*, 27 (2), 280-295.

55 洞口治夫. (2018). ハーシュマンの組織論と企業マネジメントの権力構造. 経済志林, 85 (4), 381-402.

第５章

56 山浦一保 (2013). 上司ー部下の崩壊した信頼関係の修復に関する研究(II)ー効果的な対処行動の選択を促進する条件ー. 産業・組織心理学会第29回大会.

57 山浦一保 (2013). 上司ー部下の崩壊した信頼関係の修復に関する研究(I)ー関係性の認知と対処行動との関連ー. 日本社会心理学会第54回大会.

58 Hafner, M., Stepanek, M., Taylor, J., Troxel W. M., & van Stolk, C., (2017).Why sleep matters — the economic costs of insufficient sleep : A Cross-Country Comparative Analysis. Rand Health Q. 2017 Jan 1;6(4):11. eCollection 2017 Jan.

59 山浦一保 (2006). 製品安全の情報開示を促進する心理的プロセスに関する研究, 21, 121-130.

60 NHK／豊田 有 (2018). ダーウィンが来た!第578回「赤ちゃんが平和を守る!ベニガオザル」2018.12.16放送

61 Wu, J., & Axelrod, R. (1995). How to cope with noise in the iterated prisoner's Dilemma. *Journal of Conflict Resolution*, 39 (1), 183-189.

62 Smith, A., McCauley, T. G., Yagi, A., Yamaura, K., Shimizu, H., McCullough, M. E., & Ohtsubo, Y. (2020). Perceived goal instrumentality is associated with forgiveness: a test of the valuable relationships hypothesis. *Evolution and Human Behavior*, 41 (1), 58-68.

63 Exline, J. J., Deshea, L., & Holeman, V. T. (2007). Is apology worth the risk? Predictors, outcomes, and ways to avoid regret. *Journal of Social and Clinical*

Psychology, 26 (4), 479-504.
64 Byrne, A., Barling, J., & Dupré, K. E. (2014). Leader apologies and employee and leader well-being. *Journal of Business Ethics*, 121 (1), 91-106.
65 Sparrowe, R. T., Soetjipto, B. W., & Kraimer, M. L. (2006). Do leaders' influence tactics relate to members' helping behavior? It depends on the quality of the relationship. *Academy of Management Journal*, 49 (6), 1194-1208.
66 Sellaro, R., Hommel, B., de Kwaadsteniet, E. W., van de Groep, S., & Colzato, L. S. (2014). Increasing interpersonal trust through divergent thinking. *Frontiers in Psychology*, 5, 561.